早稲田社会学ブックレット

［社会学のポテンシャル　7］

多田　治

社会学理論のエッセンス

学　文　社

はじめに

社会学には、面白くてためになる理論・学説の本がたくさんある。だがそれらの多くは難しく、途中で挫折したり、頑張って読んでも時間がかかりすぎたりして、大学生や一般の人にはなかなか近づきにくいのが実情だ。

そこで本書では、社会学理論の中でも特に重要なエッセンスの部分を厳選してお伝えしていく。内容の選択に際しては、特に若い読者のみなさんの関心を引き、社会学の学習・研究や生活に即戦力として役立てられそうな知識・考え方を選んだ。

本書では、デュルケーム、ウェーバーからフーコー、ブルデュー、ギデンズ、ベックらまで、百年あまりの間に社会学を作り上げてきた代表的な論者たちの系譜を駆け足でたどり、社会学的な視点や考え方を一挙に体系的に学ぶ。どの論者も内容は濃く、独自の世界をもっているので、情報量は膨大になる。

この小さなブックレットでは紙数が限られているので、大胆に内容を絞り込み、大事な部分だけをお伝えする。この一冊で社会学理論や社会学史の全体を網羅できるはずもない。例えば、社会システム論で一時代を築いたパーソンズさえ、本書では章を設けていない。あくまで本書を社会学理論への入り口として活用され、さらに関心を持った人には、巻末に紹介している文献も合わせて読み進めてもらいたい。

本書では、ここで取り上げる社会学者たちが繰り広げた研究・理論・思考の営みを、彼らが生きた具体的な時代の文脈に置きなおして考える作業を重視する。それによって、「社会の歴史」と「社会学の歴史」を照らし合わせ、社会と社会学の間で展開してきた相関関係を、立体的に把握することができるだろう。

とはいえ、本書を読み進める際には、こうした歴史を単なる「過去」として切り離すのではなく、つねに「現在」の社会の諸問題と関係づけるアクチュアルな視点から、大物たちの仕事を批判的に吸収していくことを意識してほしい。それによって彼らの理論から、自分たちの身近で切実なテーマに今後取り組んでいくための、柔軟な発想と有益なヒントを得ることができる。

なお、本書で扱うのは基本的に、西洋の社会学理論である。これらを学ぶに当たっては、今日のグローバル化の諸問題を重視する立場から、こうした系譜そのものに通底する西洋中心主義的な見方を対象化し、相対化する批判的な視座を確保していく必要性も、合わせて指摘しておきたい。そうしたことを含みながらも、まずはこうした社会学理論の系譜を伝えていくことが、本書の役割とねらいである。

二〇一一年九月

筆　者

目次

第一章

エミール・デュルケーム

一 「社会」「社会学」「客観性」とは？

(1) 近代社会と社会学

社会学には、ひとつの大前提がある。主に「近代」の社会を扱う点だ。一般に、近代以前は歴史学、近代化されてない社会は人類学や民俗学の対象とされてきた。

アンソニー・ギデンズによれば近代世界とは、特に「過去二世紀ほどの間に生じてきた、広範囲にわたる変動が生み出した世界」である（『社会学』第二版一六頁）。つまり近代とは、伝統社会を脱して、変動を基調とするような時代である。我々が生きる現代も、近代の大きな流れの延長上にある。

そして、社会学そのものが、近代とともに成立した。近代化の中で、国民国家や資本主義経済、都市・企業労働・学校・核家族・マスメディア・交通などが発達し、社会が急速に変貌し、複雑化していく中で、社会学的な知が求められていった。

(2) 社会学の誕生と確立——世紀の転換期の社会学

「社会学」を立ち上げたのは十九世紀前半、フランスの思想家オーギュスト・コントとされる。だが社会学が本格的に確立するのは、十九世紀末〜二十世紀初頭のことである。テンニース『ゲマインシャフトとゲゼルシャフト』（一八八七）、ジンメル『社会分化論』（一八九〇）、デュルケーム『社会分業論』（一八九三）、ウェーバー『プロテスタンティズムの倫理と資本主義の精神』（一九〇四－〇五）など、「世紀の転換期の社会学」が続出した。

なぜこの時期、社会学の古典が集中したか。十九世紀の急速な近代化・資本主義・都市化・人口移動などのひずみが噴き出し、ヨーロッパの宗教に根づいた伝統的な価値観が崩れてきた。デュルケームとウェーバーはともに、宗教社会学に強い関心を注いだ。ニーチェが「神は死んだ」と言った時期とも重なる。

(3) デュルケームの社会的事実

エミール・デュルケーム（Émile Durkheim, 1858–1917）は一八九三年『社会分業

前近代から近代へ

「〜から…へ」という二分法的な時代区分は、社会学ではよく行われるが、あくまで社会を大まかに理解するための、便宜上の区分であることに注意しよう。実際の時代的・地理的な差異はひたすら多様で複雑なので、こうした二分法の図式で個々の差異が見えにくくなれば、認識上の逆効果になる。特にこの区分が、西洋から見た視点であるという、西洋中心主義の問題も考え合わせねばならない。また「AからBへ」は単なる「移行」でなく、「積み上げ」と考えた方がよい。

Bが主流になっても、Aの要素も形を変えながら残るからだ。

論』、九五年『社会学的方法の規準』で、フランスに社会学の基盤を確立した。九七年『自殺論』、一九一二年の大著『宗教生活の原初形態』は、後世に大きな影響を与えた。彼は「科学」として社会学を確立しようと、多大な努力を払った。彼の考える社会学とは、どんなものだったか。

デュルケームは、「普遍的・本質的な人間像がある」と想定したヨーロッパ哲学の伝統（プラトン〜デカルト〜カントなど）を退け、「時代・社会ごとに異なった社会の特質があり、それによって人間のあり方も異なる」と考えた。

また従来の哲学は、「個人が社会を作る」という考えが根強く、社会契約論はその典型だ。「人間の意志で社会を作り出せる」という信仰からは、行動が状況に先走りがちになる。デュルケームは、フランス革命の失敗の原因もここに見出した。社会を変えたいなら、法・習俗・宗教など、社会的事物に固有の性質を知っておく必要があるという。そこから彼は、「社会的事実」「科学」「実証主義」「客観性」などを唱えた。感情から独立した科学によって、あるがままの事実の記述を目指した。

彼は発想を逆転させ、「社会が人間を作る」という考え方を打ち出した。彼において人間とは、「社会の中で、教育によって形成される存在」である。

我々は子どもに、決まった時間に食べ、眠ることを学ばせ、清潔・従順・礼儀、他人への配慮などを教え込み、やがて労働を強いていく（→ブルデュー「ハビトゥス」)。こうした拘束が拘束と感じられずに済むのは、習慣が内面に形成されていくからだ。「家族」「学生」「会社員」「国民」など、人が果たす社会的な役割は、たとえ自ら進んでやっているときでも、自分で作り上げたものではなく、教育を通じて外から受け入れたものだというのが、デュルケームの考え方である。

　このように、個人に対して外在的で拘束的な影響力をもつ社会現象を、彼は「社会的事実」と呼んだ。社会的事実とは、「集合的なものとして把握された集団の諸信念・諸傾向・諸慣行」で、これを反映する個人的事実とは区別される（『方法の規準』五九頁）。具体的には慣習的な行為、法や道徳、格言やことわざが挙げられ、出生率・婚姻率・自殺率などの統計も、集合的・社会的な事実である。

(4) 社会的事実を物のように扱うこと

　社会的事実を科学的に観察するには、どうすればよいのか。デュルケームはその方法の規準として、「**社会的事実を物のように考察すること**」を挙げる。

　人間は日々、様々な観念（イメージ・先入観）を作り上げては、それを現実だと思い込みがちである。この観念が「遮蔽幕」となって、現実の物が「我々の目から覆い隠されてしまう」と、デュルケームは警告している。

　特に、物が「有用か有害か」「役に立つか」という実用性の観念は、客観的な事実の認識よりも優先されがちだ。誰もが社会の中で、自分の利害関心の立場から社会に向き合っているために、このバイアスを免れない。

しかも社会の現実は、我々の意識で知覚できる範囲を越え、はるかに複雑だ。身近なものほど知った気になり、見誤りがちだ。だからデュルケームは、あらゆる先入観を捨て（予先観念の切断）、社会的事実を「物のように」扱うことを唱えた。

彼は、道徳や宗教などの**集合表象**を、直接扱うのでなく、あえて「外側から」「物のように」扱い、それらを表現する外的な現象を通してのアプローチを試みた。

当時のキリスト教社会で、道徳や宗教を科学的客観主義によって解明しようとしたデュルケームには、違和感や批判も多かったようだ。彼は宗教を社会の産物＝社会的事実として位置づけた。「そもそも神とは、社会の実体化された形態であった。宗教は、社会が自らを意識するための象徴の体系であり、集合的な存在の固有の思惟様式である」（『自殺論』三九三頁）。「社会的事実を物のように」の規準からして、「無神論者」「唯物論者」というレッテル貼りもあったようだ。

だが作品を読めばわかるように、彼こそ、宗教や道徳の重要性を認識していた。彼は従来の道徳論の観念的性格を脱するため、道徳の科学・宗教の科学を目指した。

喫茶室

S―O図式（主体と客体）

「見る主体（Subject）」と「見られる客体（Object）」の関係は、様々な分野に応用して問い直せる。医者と患者、教師と学生、親と子。メディアにおける映す側と映される側。南北問題に直面する先進国と途上国。社会調査における研究者と対象者……。いずれも、はたらきかけの主体の側が優位な立場にいて、都合のいい見方をすることになりやすい。

私はこれまで、大学の講義で図のような「S―O図式」を、黒板に描いて説明してきた。デカルト以来の近代的・科学的な認識が、世界を「見る主体」（subject）と「見られる客体／対象」（object）に分ける「主―客」二元論によって成り立ち、発展してきたことを含意している。

人は何らかの現実をとらえるとき、その場で即座に（im-mediate-ly）とらえるが、実際にはその対象を無媒介に、ありのままにとらえることなどできない。つねにことばやイメージ、感覚によって媒介されながら、間接的に対象をつかむからだ。カントが指摘したように、もの自体をつかむことは不可能であり、この媒介、フィルターを通すため、我々の認識はどうしても主観

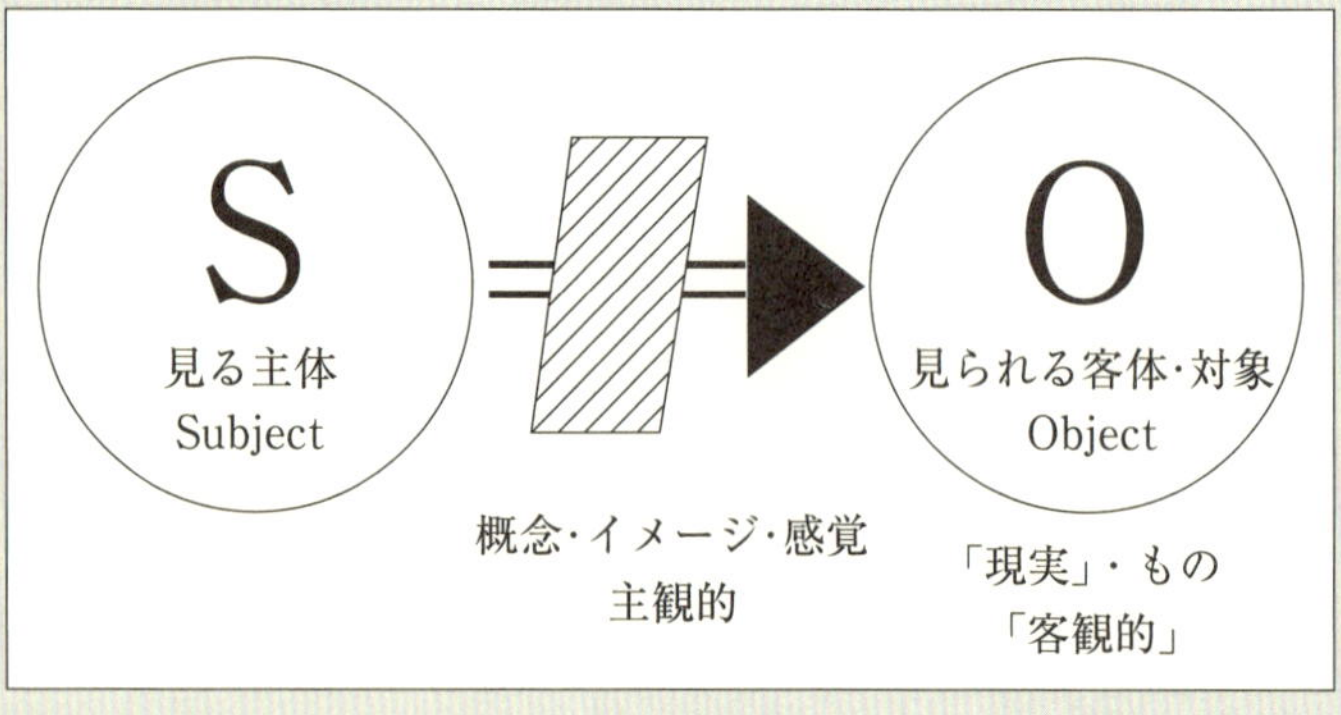

に曇らされる。この状況は、客観性を志向する科学でも同様だ。だから科学は使用する概念を厳密に定義し、フィルター越しの現実の認識を、より客観性に近づけようとしてきた。

観光におけるツーリストと観光地の関係も、まさにSとOの関係にある。ツーリストは自由に動き回る「見る主体」であり、観光地の風景や人は、「見られる客体」の位置に固定される。手前味噌ながら、『沖縄イメージを旅する』で私が問うたのも、まさにこの主体と客体の関係性である。ツーリストと観光地・沖縄の関係であり、研究者と研究対象・沖縄の関係であり、日本本土と沖縄の関係であった。

二　自由と個人主義のパラドックス

(1)　犯罪が起こるのは正常な社会？

デュルケームは、社会的事実には「正常」と「病理的」の区別があると言う。生物と同様に社会には、種の大部分の個体に見出されるものと、一部だけに見られる例外的なものがあり、前者を正常的、後者を病理的と呼んだ。

ここから、犯罪のない社会はないため、「犯罪は正常な社会現象である」「犯罪は健康な社会の一要因だ」という、独自の知見が導かれる。その論を追ってみよう。
①ある行動が「犯罪」となるのは、集合感情を傷つけたときである。特に未開

（とされた）社会では、宗教が集合感情の基礎にあり、犯罪はこれを冒瀆するため、怒りが集団的に発生し、贖罪・刑罰を求める。結果的に犯罪は、社会の連帯を強化・更新する機能をもつ。

②個人は社会の産物であれ、多少とも社会の鋳型からズレている（このズレが個性）。社会にとって犯罪的なズレもある。道徳・法が正常に進化するには、一定の多様性は必要なので、犯罪は必然的かつ必要なものである（といって個々の犯罪が正当化されるとも限らないが）。例えば古代ギリシアで、ソクラテスは犯罪者だった。

(2)「個人」を崇拝する社会――『社会分業論』

デュルケームは初期の著作『社会分業論』で、個人的人格と社会的連帯の関係を問うた。「個人が自律的になるに従って、より緊密に社会に依存するようになるのはどうしてであろうか。」（『分業論』上　七九頁）

「個人と社会」「自律と依存・連帯」は、一見対立し矛盾するようで、実は両立し、補完しあうものなのである。この外見上の二項対立を解決するものが、**社会的分業**の増大・発展に基づく新しい社会の結びつきなのだ、と彼は考えた。分業に経済的機能だけでなく、社会的・道徳的な機能も見出した。

複雑な文明社会の発展につれて、同質性・類似性に基づく「**機械的連帯**」から、

パラドックス
このように社会現象は、一見対立・矛盾しあうはずの要素がむしろ両立し、補完しあうという逆説＝パラドックスにみちている。グローバル化が進めば、逆にローカルな場所の重要性が高まってくるのも、その一例だ。

機械的→有機的
ミミズと人間の身体組織のちがいを例にすれば、ミミズの体が同質的なのに対し、人間の体は、胃・腸・心臓・肝臓など、役割が専門分化した器官からなる。デュルケームの社会類型は、生物や進化論のアナロジーを活用したが、それが時代の限界でもあった。

異質性と社会的分業に基づく**「有機的連帯」**へ、連帯の形が移行した。かつて地縁・血縁の「近さ」で結びつき、伝統に従う人々は、例えば農村では農業を営んだ。近代になると、個人は伝統や地縁血縁から解放され、より多様な職業を営んでいく。伝統的共同体が弱まっても、社会そのものは残る。強い共同性はなくとも、個々人の専門性や異質性をお互い頼って、新たなコミュニケーションと相互依存の形が開かれていく。異質な者同士が支えあう、有機的な連帯の形である。

個人化・差異化が進めば、共通性の意識は弱まっていく。唯一強まる集合的感情は、個人を対象とするものだとデュルケームは指摘する。個人の人格は一種の宗教的信仰の対象になってゆく、とさえ言う。人格崇拝・個人主義じたいが、社会の変化の中から立ち現れてきた、歴史的・近代的な産物なのである。

(3)　統計的手法の古典――『自殺論』

『分業論』では、文明の進歩とともに個人意識が発達する中、社会の連帯と規制をいかに保持するかという、個と全体のバランスがテーマだった。この問いは代表作『自殺論』にもつながっている。一見最もプライベートな個人の行為と思える自殺が、実は社会状況と密接に関わっていることを、統計を駆使して明らかにした。

デュルケームは、膨大な自殺率（全人口に占める自殺者の割合）のデータから、集団に影響を及ぼす原因を探った。直接の現象に注目するだけでは、経済的事情や男女関係のように、個人の問題しか見えてこない。統計というフィルターを通すことで、より抽象的に、社会の次元で自殺を考察できた。

ヨーロッパ諸社会の自殺率を見ると、①各社会で、自殺率はほぼ一定の割合で推移する。②各社会間では自殺率に大きな差がある。③長期的には、同一社会内で自殺率は増加傾向にある。彼はこれらの傾向を、社会的事実として提示した。

そして、宗派や婚姻率、平均家族成員数などによって、自殺率がどう変わるかを比較した。「カトリック圏では（個人の自由度の高い）プロテスタント圏より自殺率が低い」「平均家族成員数が高い地域ほど自殺率が低い」「（結合の強まる）政変・戦争時には自殺率が低くなる」など、一連の結果から、「自殺は、個人の属している社会集団の統合の強さに反比例して増減する」という結論を導いた（二四七頁）。

(4)　行きすぎた個人化と不充分な個人化

彼は自殺を、主に「自己本位」「集団本位」「アノミー」の三類型に分類した。まず自己本位的自殺は、社会の結束が弱まっている場合に生じる。例えばプロテスタント社会ではカトリック社会に比べ、信仰が個々人の自由検討に任されている。デュルケームはここで、「常軌を逸した個人化・個人主義」を問い直している。

もし人間が肉体的生命の維持のためにのみ生きれば、自己本位でも幸福でいられるが、文明人はそうでないと言う。「芸術、道徳、宗教、政治的信念、科学など…すべての超肉体的な生活を目覚めさせ、発展させてきたのは…社会的環境による刺激である。」（二五二頁）人々は社会と結びつく限りにおいて、高度な活動に参加できる。人間の活動には、その個人を超えたひとつの対象＝社会が必要である、と主張した。

だが、過度に個人化が進めば自殺が引き起こされる一方、個人化が未発達でも、同じ結果が生じると言う。集団本位的自殺は、自殺者の集団への一体感や帰属度が強すぎるために起こる。例えば部族社会では、首長の死後の臣下の自殺は、従属関係の保持のために行われてきた。また軍隊は、集団本位的自殺が慢性化した特殊な環境であり、献身と犠牲の没個人的精神が自殺を促進する。

集団本位的自殺の多い所では、人はいつでも集団のために生命を放棄できるが、他人の生命を尊重しない。逆に、個人的人格に高い価値を与える所では、他者の人格も尊重される。両方の自殺は、美徳が行きすぎ、ゆがめられた形態なのである。

(5)　アノミー――歯止めのきかない欲望

アノミー的自殺とは、社会が急激に変化・解体し、価値体系が崩れて**アノミー**＝

無規制状態に陥った場合に起こる自殺である。経済的窮迫よりも、急激な経済的繁栄の方が秩序を揺るがすため、むしろ自殺を促進するのだという。

人間の生の大部分は、肉体を超越している。人は肉体のくびきから自由になる代わりに、社会の拘束を受ける。ところが社会の混乱期には、社会は個人を規制できなくなり、伝統は権威を失う。アノミーの中で、人々は何にでも見境なく欲望を向けるようになるが、欲望は新たな欲望を産み出すため、決して充足はされない。

デュルケームは、アノミーが慢性化した領域として、商工業界を指摘する。十九世紀の資本主義的な経済発展は、規制緩和を通じて進められてきた。かつて産業上の諸関係を規制してきた宗教・政府・同業組合などの道徳的権威は、今では機能しない。自己目的化した産業によって欲望があおられ、無制限となる。人々は目新しい快楽を追い求めるが、ひとたび熱狂がさめるとその不毛さに気づき、幻滅に至る。

デュルケームはこうした精神状態に、経済的破綻からの自殺の増加の原因を見た。そうして十九世紀の自殺の激増は、急激な社会変動に基づく病理現象だと診断した。彼は実践的処方箋として、同業組合の再建による連帯と規制の再編成を主張した。

自己本位的自殺とアノミー的自殺は似ているが、社会が欠如する領域が異なる。前者では活動において、後者では個人の情念において、社会が欠如する。ただし、デュルケームの自殺の三類型は、実際には複合的である（→ウェーバー「理念型」）。

聖と俗

デュルケームの聖と俗の視点はのちの社会学に受け継がれ、宗教以外の現象にも応用されている。「聖―俗」図式は「非日常―日常」の分析へ、宗教的儀礼の研究は祝祭イベント（オリンピック・万博・サミットなど）の研究へ。非日常的な場で視覚化され、語られた表象は、社会の日常に対しても強大な影響力をもつ（多田 二〇〇四）。また本書の七章も参照。ブルデューはエリート教育の研究に、デュルケームの聖と俗の視点を転用した。

自己本位主義の個人化志向、集団本位主義の自己犠牲の精神、アノミーの進歩を受け入れる用意。劇的な変動の中で、三つの潮流が和らげ合う社会では、人間はバランスのとれた状態にあるが、どれか一つが度を越して他を圧倒すると、自殺の潮流に変わる。集団主義も個人主義も行き過ぎず、バランスのとれた社会が望ましい。個人と社会は対立関係にはなく、社会の適度な規制と紐帯の中でこそ、個人の自由も成り立つ。こうした視点は、デュルケームの社会観・人間観を反映している。

(6) 宗教の社会性／社会の宗教性

『宗教生活の原初形態』は、デュルケームの晩年の大著であり、ウェーバーと並び、宗教社会学の基礎となった。オーストラリア先住民アボリジニのトーテミズムと呼ばれる宗教現象を対象とし、そこに宗教の原型と本質を見出した。

彼は、世界を「聖」と「俗」に分ける点に、宗教の特質を見出した。聖なるものは、俗なるものから禁止によって隔離され、両者は絶対的に異質である。また宗教は、個人を相手にする呪術と異なり、信者どうしを共通の信仰によって結びつける。

結論でデュルケームは、「宗教の社会性」と同時に、「社会の宗教性」を見出した。宗教は単なる幻想でなく、現実の社会に根を張った、社会の心象である。また、科学・道徳・法律・経済など、主要な社会制度は宗教から生まれた。

個人的人格の発達につれて、個人の理想は（宗教が表すような）社会的理想から脱却し、自律的な活動の源泉となる。しかし、その社会的条件がある。個人の礼拝による宗教力も、社会の集合力が個人の内面に個別化したものだ、と言う。

デュルケームの宗教社会学は、宗教による社会統合の側面を示したとして、宗教による社会変動に注目したウェーバーとよく対比される。この対照性も興味深い。

第二章

マックス・ウェーバー

一　宗教的禁欲が産み出した資本主義

(1)　マックス・ウェーバー（Max Weber, 1864-1920）
ドイツの社会学者。『宗教社会学論集』『経済と社会』の壮大な体系を打ち立てた。その超人的な仕事ぶりは、彼自身が典型的な近代人だったことを表している。

有名な「プロテスタンティズムの倫理と資本主義の精神」を契機に、彼の宗教研究は「世界宗教の経済倫理」へと拡大された。『宗教社会学論集』には、「儒教と道教」「ヒンドゥー教と仏教」「古代ユダヤ教」が収録されている。

また『経済と社会』は、ウェーバーの死後、マリアンネ夫人らの編纂によって出版された、九〇〇ページを越える大著である。「支配の諸類型」「支配の社会学」が最も有名で、「社会学の根本概念」「宗教社会学」「法社会学」「都市の類型学」「国家社会学」と多岐にわたって展開され、付論には「音楽社会学」まである。

第一次世界大戦のドイツ敗戦までの時代を生きた彼は、時にナショナリスト、時に平和論者、時に個人の自由を尊重するリベラリストとしていくつかの顔をもち、感情の起伏が激しかった。

晩年の講演「職業としての学問」「職業としての政治」は有名だ。前者では学問の職分と限界、学問と政治の区別、教壇上の予言や扇動の排撃、専門への没入と仕事への献身などを説いた。後者では政治のモラル、心情倫理と責任倫理の区別などを論じた（薄くてすぐに読めるので、一読をおすすめしたい）。

(2)　行為・意味・理解の社会学

デュルケーム、ウェーバーら第二世代の課題は、コントら第一世代の百科全書的な性質を脱し、科学として社会学を再建することだった。デュルケームは個人に外在的・拘束的な社会的事実を対象としたが、ウェーバーはどうか。

彼の社会学の定義は、「社会的行為を解釈によって理解し、それによって社会的行為の過程と結果を因果的に説明しようとする科学」。また「行為」とは、「行為者の主観的な意味を含んだ人間行動」（『根本概念』八頁）。主観的意味を含むから社会的行為は理解でき、自然現象と区別される。彼は社会的行為に関する科学を「**理解社会学**」と呼ぶ。

ただし彼はミクロな行為だけを研究したわけではない。国家・経済・産業・法律・道徳・宗教・学問・芸術などのマクロな諸制度も扱った。しかしこれらの社会制度の基礎には個々人の行為があるから、行為にさかのぼって理解するべきだとした。

彼が批判したのは、集団が一個の主体として実在するかのように考える発想だった。元来は人間の行為によって作られ、やがて巨大化した社会の諸制度も、実際には個々人の行為の集積なので、行為に還元・分解して理解する。そこからまたマクロな社会現象をとらえ直すのが、ウェーバーの方向性であった。

ウェーバーは「**方法論的個人主義**／**主観主義**」、デュルケームは「**方法論的集団主義**／**客観主義**」として対比され、「デュルケーム・ウェーバー問題」と論じられる。しかし、二者択一でどちらかを選ぶより、両方を相互補完的に学ぶ方が生産的だ。

(3)　理　念　型

理念型は、ウェーバー社会学の有名な道具立てだ。行為や制度について構築されたモデルで、複雑な現実の多様性をとらえるための概念装置となる。例えば、彼は社会的行為を、①**目的合理的行為**（目的—手段関係）、②**価値合理的行為**（価値を信じて行う）、③**感情的行為**、④**伝統的行為**、という四つの理念型へと類型化した。

また、ウェーバーは**正当的支配**の理念型として、①法制化された秩序の合法性に基づく**合法的支配**、②昔から続いてきた伝統の権威や神聖さに基づく**伝統的支配**、③超人的・非日常的な人物の神聖性・英雄性に基づく**カリスマ的支配**を提示した。

もっとも、実際の現象は理念型ほど純粋でなく、多様で複合的だ。むしろこれらの純粋型は、多様な現実を分析・測定する尺度となる。モデルからの逸脱の度合を測り、複合タイプを見るなどして、複雑な現象を特徴づけ、比較できる。

(4)「プロテスタンティズムの倫理と資本主義の精神」

最も有名なウェーバーの論文。インド・中国・イスラムなど高い文明圏はあったのに、なぜ西洋にのみ近代資本主義が成立したのか。西洋における**合理化**のプロセスが、かつてない規模で進行したのはなぜ、いかにしてなのかを検証した。

結論から言えば、「禁欲的なプロテスタンティズムの職業倫理に基づいて行われた経済活動が、資本主義の勃興を促した」。彼が詳しく分析したのは、経済史そのものではない。資本主義経済の発達に貢献した人たちの心理、「資本主義の精神」

の問題であった。何を考え、何に突き動かされて経済活動に励んだのかという、「心理的起動力」＝**エートス**を明らかにしようとした。

その典型的事例は、ベンジャミン・フランクリンの処世訓「時は金なり」。「時間は貨幣だ」「信用は貨幣だ」「貨幣は繁殖し子を生むものだ」と説く。「信用のできる立派な人という理想、自分の資本を増加させることを自己目的と考えるのが各人の義務だという思想」＝資本主義のエートス。これが他の資本主義にはないと言う。

ウェーバーは、彼らの心理の源泉をプロテスタンティズムに見出した。中でも禁欲が徹底していたのがカルヴィニズムで、十六、七世紀に資本主義が高度に発達したオランダ・イギリス・フランスに浸透した。

カルヴィニズムの「予定説」は次のような教義からなる。①神は人間から無限に離れたところにいて、人が近づくことなどできない。②神はその地点から、一定の人々を永遠の生命＝救済へ、他の人々を永遠の死へ予定した。③誰が救済されるかは人間にはわからないし、現世でのどんな善行によっても、その予定は覆せない。

この教義のもとでは、聖書も教会も、個人を救済できない。諸個人に残ったのは、かつてない「内面的孤独化の感情」だった。とはいえ信者たちは、「何をしても無駄だ」という宿命論に陥らず、むしろ救いへの強い関心を示した。自分が神に選ばれているかわからないからこそ、選ばれた人間の側にいることを確信したい。その

近代西洋資本主義
資本主義そのものは近代西洋以外にも存在した。高利貸し・大商人・大金融業者など。しかしこれらと、近代西洋の「合理的・経営的資本主義」は決定的に異なると言う。簿記を土台とした合理的な産業経営のもとに成り立つ利潤追求は、西洋近代にのみ大量発生した。

根拠を求めて、日常の世俗生活の中で徹底した禁欲と職業労働に没頭した。欲望のままに動くことが「自然」なら、禁欲による「自然の克服」は、特別な人間にしかできない。禁欲は救いの確信の根拠とされ、それが職業労働と結びついた。西洋では中世以来、合理的禁欲の伝統があったが、世俗を脱した修道院での禁欲であり、世俗生活は宗教的には価値が低いとされた。宗教改革以降、こうした聖と俗の分離が廃棄される。ルターの「天職」思想以降、世俗の経済・職業生活そのものが宗教的な意味を持ち始め、**世俗内禁欲**と現世改造が肯定されていった。

(5) 資本主義の「鉄の檻」

富の獲得を救いのしるしとする発想は、キリスト教の伝統にはなく、富は危険視されていた。だがプロテスタンティズムにおいて、営利が宗教的に合理化された。信仰に熱心な人ほど営利追求に励む。ただし富の享楽的な消費は宗教に反するとして抑制され、蓄積された富は、新たな生産のために投資された。こうして拡大再生産が進み、合理的経営の組織が形成され、近代資本主義の出発点となった。

だが、合理的な経営組織・資本主義のシステムが完成すれば、その維持が自己目的化し、「鉄の檻」へと化す。「禁欲は修道士の小部屋から職業生活のただ中に移されて、世俗内的道徳を支配しはじめるとともに、今度は、非有機的・機械的生産の技術的・経済的条件に結びつけられた近代的経済秩序の、あの強力な秩序界（コスモス）を作り上げるのに力を貸すことになった」。「この秩序界は現在圧倒的な力をもって、その機構の中に入りこむ一切の諸個人——直接経済的営利にたずさわる人びとだけでなく——の生活のスタイルを決定しているし、おそらく将来も、化石化した燃料の最後の一片が燃えつきるまで決定しつづけるだろう。」（三六四—五頁）。

資本主義のシステムはいったん立ち上がってしまえば、もはや宗教的な意味づけは必要なくなってしまう。「ピュウリタンは天職人たらんと欲した——われわれは天職人たらざるをえない。」こうした文化発展の末に、「精神のない専門人、心情のない享楽人」が現れると言う。彼は歴史の方向に対してペシミスティックだった。

(6)「宗教的禁欲→資本主義」の逆説——意図せざる結果

以上の議論の面白さは、「宗教活動が資本主義の源になった」という意外性にある。常識的には、営利活動に励むのは、金もうけや名誉への欲望が強い人々だが、ウェーバーは初期資本主義の時代に、全く逆を見た。金もうけを罪悪として嫌った禁欲的な人々が、宗教的な動機から経済活動を熱心に行った。自己利益への無関心が逆に、営利活動への動機づけを与えたという、この逆説である。

また常識的には、自己の内面より外界に関心が向いている人の方が、活動の産出量が大きそうなものだが、これも、宗教的救済という自己の内面への関心が強い人が、だからこそ経済活動にエネルギーを集中させ（他でのエネルギー消費は最小）、高い成果を挙げ、結果的に経済・社会変動の担い手となった。

主観的意図と客観的結果のズレ＝「**意図せざる結果**」は、社会学の基本視点だ。

(7) マルクスの唯物史観との対決――観念の現実構築力

ウェーバーにはこの研究で、**カール・マルクス**（Karl Marx, 1818–83）の唯物史観に異を唱えるねらいもあった。マルクスによれば、歴史を動かす主要な原動力は、生産力・経済制度・階級闘争であり、物質的・経済的「下部構造」が、政治・思想・文化など「上部構造」のあり方を決定づける（簡単に言えば「飯が食えなきゃ始まらない」）。

ウェーバーはこれをある程度認めつつも、一面にすぎないとして、理念・観念の果たす歴史的役割を強調した。とはいえ彼も、「観念→経済」といったマルクスと逆の立場に固執したわけでもない。現実の社会現象は常に複合的な因果関係を含む。

(8) 価値判断の排除

デュルケームは「予先観念の切断」を強調したが、ウェーバーも、「価値判断の排除」「価値からの自由」を唱えた。事実の認識「〜である」に従事し、最初から何らかの価値や世界観を持ち込んで当為「〜すべき」を説くことを戒めた。

当時、社会学をイデオロギーや政策論と混同することが自由に行われていた。これによって経験科学が確保すべき客観性が損なわれることを、ウェーバーは懸念した。宗教や倫理を客観的な立場から理解し説明することと、特定の実践的立場から主観的な価値判断のもとに現象を語ることは別であり、彼は前者を貫こうとした。

ただし、研究者が全く価値判断を禁止され、不偏不党を強制されるわけではない。テーマを選び、問題意識を組み立てる段階で、価値判断は含まれている。問題は、研究の中で無自覚に主観的な価値を持ち込み、科学的な事実認識ができないことだ。

また彼は講演「職業としての学問」で、教師が教室で政治的立場を主張して学生に押しつける行動も、「知的廉直」に反すると批判した。教師をやめて扇動家になるなら、街頭に出るべきであり、学生も、教師に予言者・指導者を期待すべきでない。若い学生たちは、客観的な事実の分析・解説より、人間としての教師の個人的体験や価値表明を聞きたがる。第一次大戦の敗戦後の混乱の中、ウェーバーはあえて、教師にも学生にも「仕事に専念せよ」と説いた。

喫茶室

「ここじゃないどこか」とのやりとり――観念の現実構築力

ウェーバーの視点は彼の議論を越え、日本の文脈にも応用できる。例えば明治期、士農工商の身分制度に代えて福沢諭吉が打ち出した「立身出世」の理想は、学問で「身を立て世に出る」学歴エリートの形成を導き、学歴社会の基礎となった（キンモンス『立身出世の社会史』）。

他にも、一九六〇年代の高度経済成長期、都市・郊外での「マイホーム」幻想が、会社のために働くサラリーマンと専業主婦を増大させた。近年、若者の「自分のやりたいこと」幻想が、フリーター・ニートに結びつく。など、いろいろな例が言えるだろう。いずれも、「ここじゃないどこか」との観念的なやりとりをしながら、それとは少しずれた現実を生み出している。それはウェーバーの「プロ倫」において、資本家の「神」との観念的やりとりが、資本主義を駆動させていった構図とも重なる。ぜひ自分でも、身近な例を考え出してみてほしい。

二　合理化からマクドナルド化へ

(1)　合理化としての近代

ウェーバーの幅広い研究の核にあった問いは、「近代西洋文明の特質は何か」。なぜ近代西洋においてのみ、資本主義や科学など「普遍的な」諸制度が立ち上がった

合理／非合理
　近代・現代でも実際には、感情・衝動・信仰・占い・職人技・勘・コネなど、ウェーバーが非合理的とした要素も、社会が滞りなく回るには不可欠だ。例えば役所の職員も規則を適用する際、個別ケースに応じた暗黙の解釈・裁量の余地が生じる。ブルデューのハビトゥス・プラティック概念は、こうした要素を言い当て、合理／非合理の二分法を越える射程をもつ。

のか。彼は比較研究の結果、**合理化**こそが近代西洋の特質だ、と結論づけた。

　彼の言う「**合理性**」とは、衝動・呪術・迷信・伝統・職人芸・コネなどの「非合理的なもの」による判断や慣行を排して、普遍的・効率的・計算可能なルールや生活慣行を重視する傾向を指す。「合理化」とは、非合理的なものが、より合理的な科学・法律・経営・テクノロジー・信仰などにとって代わられていくプロセスである。彼にとって近代化とは合理性の増大であり、「呪術からの解放」のプロセスであった。

　プロテスタンティズムの職業倫理も、伝統的な生活態度を退け、気まぐれや怠惰、享楽、浪費などの非合理な部分を抑制する、合理的な生活態度だった。宗教以外にも、近代西洋において合理性の増大は、諸領域に及んだ。正確に計算され、経験的に立証される科学、それに基づく生産技術。合理的経営・計算に基づく資本主義経済。芸術も、合理的な和声音楽や造形美術は近代西洋でのみ発生したという。

(2)　管理社会化への危惧

　政治の領域でも、合理的・抽象的に制定される法律体系と専門的訓練による**官僚制**、そしてこれらを基礎にした国家システムが、近代西洋に産み出された。

　ウェーバーは合理性を、「**実質合理性**」と「**形式合理性**」に分けた。前者は、特定の目的や理想にかなうかどうかの実質を問うのに対し、後者は実質を問わず、目的を達成する際の手続き、形式を問う。近代西洋では形式合理性が増大する。特に官僚制の行政は、形式合理性を重視する。官僚は抽象的な規則や画一的な手続きに従い、すべてを一律に扱う。官僚制は正確さ・迅速さ・明確さにすぐれ、持続性・恒常性も保たれる（機械生産が手工業生産にまさる面と同様）。

非合理的で計算不可能な衝動や感情は公務執行から排除され、合理的な法の支配が徹底される。非人格的であるため、画一的・効率的になる。西洋近代の民主政治と資本主義経済にとって、官僚制化は必要不可欠なものだった。

だがマイナス面もあった。形式合理性に基づく行政は、問題の実質合理的な解決を無視する＝**合理化の非合理的帰結**を招く。悪平等な画一性、硬直した職務分担によるセクショナリズムから、かえって事務が煩雑化し、能率を重視したはずが非能率に陥る。人間の非人間的な扱い、組織の中央集権化・専制化、無力な官僚、受動的で政治に無関心な大衆を産み出してしまう。政治だけでなく産業の世界でも、会社や工場の従業員は、官僚制的な管理システムにおかれ、無力で無責任になる。組織全体の活力は衰退し、結局は効率が低下してしまう。

官僚制は軍隊・労働組合・教団・病院・大学など、あらゆる組織に浸透している。ウェーバーはそこに、新しい専制支配と奴隷制を見た。すでに百年前、隅々まで計算し尽くされ、機械化された管理社会で、個人が「一歯車」と化すことを危惧した。

(3) 合理化からマクドナルド化へ

こうしたウェーバーの合理化テーゼと危機意識を今日に受け継ぐ形で、ジョージ・リッツア（George Ritzer, 1940－）は「マクドナルド化」論を展開している。『マクドナルド化する社会』（一九九三）は、世界各国でベストセラーとなり、その後も版を重ねている。

マクドナルド化とは、「ファストフード・レストランの諸原理がアメリカ社会のみならず世界の国々の、ますます多くの部門で優勢を占めるようになる過程」（一七―八頁）である。リッツアはマクドナルド化の進行がレストラン業界だけでなく、ショッピングセンター・教育・職業・ヘルスケア・旅行・娯楽・ダイエット・政治・家族など、社会のあらゆる領域に及んでいることを、具体的に検証している。

(4) マクドナルド化の四次元とその帰結

マクドナルド化は、(1)効率性、(2)計算可能性、(3)予測可能性、(4)テクノロジーによるコントロール、の四次元からなる。彼はそれらのプラス効果を指摘すると同時に、ウェーバー的な(5)合理化の非合理的帰結のマイナス面をも指摘して、その危険性を批判している。以下、この五次元の特質を紹介しておこう。

(1)**効率性**：目標に対して最良の手段を追求すること。ファストフード・レストランは、その典型的な形態だ。①作業行程の簡素化。②商品とサービスの単純化。③客に無償で働かせる。

(2)**計算可能性**：数量化の重視。①製品の質より量を重視する。②量の幻想を与える。③生産・サービスの過程を数値へ変換し、簡素化して薄利多売する。

(3)**予測可能性**：合理化は、ある時空間から次の時空間への予測可能性を確実化することである。規律・秩序・システム化・形式化・ルーティン化・一貫性・組織的な操作を重視する。①舞台の複製。②マニュアルどおりの接客。③従業員の行動のルーティン化。④規格化された商品の提供。

(4)**テクノロジーによるコントロール**：人間の技能から非人間的なテクノロジーへの置換。①従業員が引き起こす不確実性の制御。②客が引き起こす不確実性の制御(例・長居したくならないような椅子で回転率を上げる)。

(5)**合理化の非合理的帰結**：宣伝や信念とは逆に、ファストフードとその合理的クローンは、合理的システムではない。①健康への害・環境破壊。②客と従業員の脱人間化。自己は制約され、感情は管理され、魂は抑圧される。③人間関係への否定的影響。④均質化。地域独特の料理の衰退。⑤非効率（レジ待ち）。⑥高いコスト

近代合理主義
リッツアと全く別の方向の議論として バウマンは、ホロコーストは近代の非合理的な例外などではなく、近代合理主義に固有の産物であったことを論じている（『近代とホロコースト』）。

（外食）。⑦楽しさとリアリティの幻想。

このように、リッツアは合理化のモデルとして、官僚制でなくマクドナルドを考えた。ウェーバーの合理化論を、現代の消費社会に即して加工した点は画期的だ。ウェーバーが描いたプロテスタンティズムの労働倫理は、現世を否定して消費を極力排除し、死後の救済を求めてエネルギーを生産活動につぎ込むものだった。これに対してリッツアは、今日の現世肯定的な消費社会へとウェーバーの視点を反転させることで、合理化論を現代風にアレンジし、再び活性化させたのである。

第三章

大衆社会論から消費社会論へ

一　大衆社会論——シカゴ学派とフランクフルト学派

(1)　シカゴ学派の登場　一八九〇〜一九三〇——大都市のなかの社会と個人

十九世紀末、アメリカでもヨーロッパと同様、「科学と経済の発展による進歩」という信念が疑われ出した。近代文明の矛盾の象徴はヨーロッパでは資本主義だったが、アメリカでは巨大都市＝メトロポリスの出現だった。この時期、人々は職を求めて大都市に殺到し、シカゴなど新興都市は急激に巨大化していった。

メトロポリスは、「アメリカン・ドリーム」をなしとげる「約束の地」である反面、一歩踏みはずせば地獄へ転落する。誘惑で身を持ち崩し、犯罪や非行を繰り返す。人々は密集し、地価は高い。スラム街が形成され、移民や黒人が住み、人種差別の温床になった。そこには伝統的なコミュニティが欠落していた。

メトロポリスで次々に発生する社会問題に対応すべく、一八九二年シカゴ大学にアメリカ初の社会学部が創立された。産業化・都市化・人種対立・文化的葛藤など、時代の実践的要請に応えたものだった。

シカゴ学派による、フィールドワーク中心の優れた業績が続出していく。トマス&ズナニエツキ『ヨーロッパとアメリカのポーランド農民』(生活史)、パーク&バージェス他『都市』(同心円モデル)、ワース『ゲットー』(ユダヤ人居住区)、ホワイト『ストリート・コーナー・ソサエティ』(スラムの参与観察)など。パークにとってシカゴは、社会の「実験室」だった。実態調査に基づく都市社会学が発展した。

都市の社会病理から問い直されたのは、行き過ぎた個人主義(→デュルケーム)。欲望追求、弱肉強食。だが、個人主義そのものを抑圧できない。現状の個人主義がもたらす社会病理をどうすればよいか。そこから、個人と社会の相互関係への関心が高まった。**ミード**の社会心理学的アプローチも発達し、「内面」の社会的形成、役割取得、「主我I／客我me」などの議論が展開されていった。

(2) 大衆社会論 一九三〇〜六五——民主主義の逆説

一方ヨーロッパでは、一九三〇年代から大衆社会論が浮上してくる。オルテガ『大衆の反逆』、マンハイム『変革期における人間と社会』などである。特にドイツではナチズムが台頭し、二十世紀の民主主義の時代に、大衆＝マスはなぜファシズムを求めるのか？が問われた。

特に、フランクフルト学派のすぐれた研究が続出する。ベンヤミン『複製技術時代の芸術作品』、ホルクハイマー＆アドルノ『啓蒙の弁証法』、アドルノ他『権威主義的パーソナリティ』、マルクーゼ『一次元的人間』など。彼らの多くはユダヤ系のため、ドイツから英米へ亡命を余儀なくされた。

(3) フロム『自由からの逃走』——内側からの束縛

エーリッヒ・フロム（Erich Fromm, 1900–80）もフランクフルト学派の一人として、アメリカに亡命した。『自由からの逃走』（一九四一）でナチズムや大衆社会、自由の問題を考察した。当時最も進んだ憲法をもったドイツのワイマール共和国の社会が、なぜヒトラーのナチズムへ転化したのか。

近代人にとって自由とは何か。また近代人はなぜ、自由から逃れようとするのか。かつて人々がその獲得のために多くの血を流した自由を、今日の人々は重荷と感じ、逃避して、ナチズムのような新たな権威へと依存し、服従していくのはなぜか。

彼は新フロイト派として、精神分析を社会現象に適用した。社会的要因を無視したフロイトを批判し、社会心理学的研究を進めた。彼の言う「**社会的性格**」とは、「一つの集団の大部分の成員がもっている性格構造の本質的な中核であり、その集団に共同の基本的経験と生活様式の結果発達したもの」（三〇六頁）で、社会構造へのダイナミックな適応による産物である。彼はこれに焦点を当てることで、近代人の性格構造、心理的要因と社会的要因の相互作用を問題にした。

フロムはヨーロッパの歴史のうち、①ルネサンスと宗教改革、②資本主義の成立、③ナチス・ドイツ、を詳細に検証した。資本主義の発達は、社会的・経済的に「自由な」空間と「自由な」個人を産み出した。

が、自由には「**〜からの自由**」と「**〜への自由**」（消極的自由と積極的自由）の二種類がある。近代人は、中世封建社会の伝統的な束縛・強制から解放され自由になったが、個人的自我への実現という積極的自由は、まだ獲得していない。消極的自由を得ても、「全的統一的なパーソナリティの自発性」という積極的自由につながらないと、中世的な社会的地位の安定はなく、耐え難い不安と孤独、無力感に陥る。自由は結局重荷になり、権威へと逃げ込むことになる。

権威主義・破壊性・強迫的画一性といった性格特性は、資本主義的生産様式に人々が適応していく過程で、歴史的に形成されてきた衝動強迫だと言う。特に小商店主・職人・ホワイトカラー労働者などの下層中産階級は、社会の変動にうまく適応できず、欲求不満・コンプレックス・やり場ない敵意・攻撃心をつのらせてきた。ナチスはこの社会層を利用し、強力な権威への盲従と強制的画一化を呼び起こした。フロムの理想は、外部対象への衝動とは異なる、真の内発的・統一的なパーソナリティや絆を構築することであった。

二 消費社会論――リースマンからボードリヤールへ

(1) リースマン『孤独な群衆』――他人指向型人間の増大

いったん自由になったはずの大衆が、近代が成熟する中でかえって主体性を捨て、失っていくパラドックス。**デヴィッド・リースマン**（David Riesman, 1909–2002）も、『孤独な群衆』（一九五〇）でフロムの問題意識を受け継いだ。フロムが見たのは動乱の戦間期ドイツだったが、リースマンが見た大衆社会は、世界の覇者として繁栄する戦後アメリカ社会だった。

リースマンも、フロムの言う「社会的性格」に照準を当てて分析した。「（社会の）外的な力は、内的な強迫に転化され、また人間の特殊なエネルギーによって、性格の特性となる」と、フロムから引用していた（五頁）。

西洋では二つの革命の中で、社会への「**同調性**の様式」が、**伝統指向型↓内部指向型↓他人指向型**へと歴史的に変化したと言う。

前近代社会では第一次産業（農林水産業）が中心で、人口の伸びは小さい。この段階では成員の同調性は、何世紀も続く伝統に従うことで保証された＝伝統指向。集団への所属が重要であり、「恥をかく」ことへの恐れによって、人々の行動は律されていた。

ところが、ルネサンス・宗教改革・産業革命・政治革命といった「前近代↓近代」の第一革命の中で、人間は家族・氏族中心の伝統的な生活様式から切り離されていった。過渡的近代は第二次産業（工業）中心の社会で、人口は著しく成長し、常に拡大路線になっていく。社会が急激に変化し、従来の伝統や慣習が自明性を失う。

「これらの社会では、個人の方向づけの起動力になるものが〝内的〟だ。すなわちそこでは、幼少年期に年長者によってその起動力が植え付けられる」（一二頁）。幼児期に与えられた一般的目標（金銭・所有物・権力・知識・名声・善など）を内面化し、その目標へ向かって進むことで、同調性が保証される＝内部指向型（↓ウェーバーの言ったプロテスタントの倫理も）。

親や教師が植えつけたジャイロスコープ（羅針盤）に従うことで、広い選択を前にして、不安定に陥らずにすむ。針路からはずれることは、「罪の感覚」を呼び起こす。伝統の規制をまだ受けながらも、無数の新しい状況に対応して、自分で人生を切り開いていくのが、内部指向型の人間だ。時代がフロンティアを多く残していた。

ところが高度成長が限界に達すると、生産の時代から消費の時代への転換が起こり、社会全体が新たに変化していく（この第二革命は当時始まったばかりだった）。第三次産業（商業・情報・サービス）が中心となり、人口の伸びも停滞し、新中間層が増大していく（成熟期近代、→ギデンズ「ハイ・モダニティ」）。

新しい諸条件が生まれる。巨大な官僚制社会、世界的なコミュニケーションの増大、物質的豊かさ。かつてのフロンティアはもうなく、もはや内部指向型の進取の精神や努力崇拝は求められなくなる。他方で、同時代人との人間関係が重要になってくる。個人の方向づけを決定するのは同時代人（身近な人々、マス・メディア）＝他人指向型。他人の期待と好みを敏感にかぎとるレーダーが必要とされる。

この激変の時代には、一つの目標を何年も持ち続けるのは無意味になりやすい。目標は同時代人が発信する信号により、そのつど変わる。何かを創造する（内部指向）よりも、他人を上手に操り、また操られる才能と、素早い反応、好感を抱かせることが求められる。身につけた技能よりパーソナリティが重要度を増す。流動的な社会の中で、自分だけ置き去りにされる不安。他者の承認を、強迫的なまでに望む。他人が自分をどう思うかが主要な関心になる。他者への関心は、自分への関心の裏返しなのだ。

(2)　社会関係の変容

両親…内部指向の時代、親は子どもを観察と統制下に置き、目標へ突き進む衝動を植えつけた。今日、親は子どもをどう育てたらよいか、自信を失った。何が正しい目標なのか自分もわからない。「できるだけのことをしなさい」と言って、不安を伝えるだけになる。「伝統指向的な子供は両親の顔色をうかがうことで行動した。内部指向型の子供たちは親たちと闘うことによって育った。ところが、他人指向型の子供は親たちを操り、また親たちによって操られることのできる子供たちなのである。」(四三頁)

学校・教師…内部指向時代の学校は、非人格的な存在だった(→フーコー)。子どもたちの才能・意志は抑圧され、知的な能力を無条件に重視した。他人指向時代、子どもは社会的適応・人間関係の技術をこそ学ぶ。教師は協力やリーダーシップを子どもに期待するが、内容的には空疎になる。

仲間集団…最も影響力の大きい他者（両親の役割低下と対照的）。他人指向型では、仲間から抜きん出て目立つのは危険だ。成功は仲間はずれのもとになる。でも、仲間の承認を得るための競争は強いられる（敵対的協力）。あからさまに競争的であったり、他人を蹴落としたりしてはいけない。自分のパーソナリティに、他人との差異をちょっとだけつける（限界的特殊化）。仲間は楽しく時をすごす相手であると同時に、お互いのふるまいに対して判定を下す陪審員でもある。仲間の趣味に興味を示しつつ、自分のレーダーが正常に作動しているかをも確認する。

マスメディア…内部指向時代、活字メディア（新聞）は伝統的価値を批判し、個人化された人間を社会に結びつけた。だが他人指向時代、マスメディア（テレビ）はよりはるかに人々の生活に浸透していく。

マスメディアはコミュニケーション産業の卸し問屋であるのに対し、仲間集団は、個人とマスメディアの中間にある小売業者である。グループ内の好みや言葉を決定するが、仲間内を超えて一般に通用するものを選ぶ。この保証を結局、マスメディアに頼る。マスメディアと仲間集団は相互に浸透し、他人指向型を再生産する（今日の携帯電話とインターネット、ソーシャル・メディアの時代を考えるヒントになる）。

(3) 消費社会の到来と他人指向型人間

他人指向型の登場は、生産と開発のフロンティアがなくなり、消費と人間関係の領域に新しいフロンティアが見出されつつある資本主義の現状に対応した、個人レベルの変化だとリースマンは言う。「他人指向的な人間のおびただしいエネルギーは、無限に広がりつつある消費のフロンティアに流れ込んでゆく。内部指向型の人間のエネルギーがとめどなく生産の領域に流れ込んでいったのとは対照的だ。」(六九頁)

消費様式の変化…内部指向の人間は仕事第一で、消費は二次的だった。高級品の所有によって自分の地位と富を証明する「物持ちの消費者」と、消費の場面で仕事から脱社会化を求めた「逃避的消費者」。だが他人指向時代、両者は衰退してゆく。他人指向人間は、どんな消費財にも飽きてしまう。逃避的消費も、仕事と娯楽が混ざり合ってくることで意味を失う。そもそも他人指向人間は強い自我を持っていないから、自我から逃避することもできない。音楽・女性雑誌・コミックなど現代の文化消費は、集団適応や方向づけを促す装置として機能する。

政治的態度…他人指向的な消費のパターンは、政治にも表れる。伝統指向型は、自分以外の人の仕事と考える「無関心派」。内部指向型は、仕事の規準に照らして政治的判断を行う「道徳屋」。他人指向型は、消費の態度を持ち込むミーハーな

類型
政治的態度における「無関心派」「道徳屋」「内幕情報屋」の類型は、単に時系列順で移行するだけでなく、今日では同じ時代に並立するタイプでもあり、それらは複合し合っている。伝統指向型・内部指向型・他人指向型にも、同様のことが言えるだろう。

「内幕情報屋」。政治そのものが消費財になる。

以上の変化は当時のアメリカだけでなく、産業化が飽和に達した社会の一般的現象とも言える。一見多元的で自由な社会で、人々は政治から文化、人間関係まで、ひたすら消費し続けることを余儀なくされる。リースマンはこれを見抜いていた。商品が序列づけられ、売買の連鎖が続くのと同様に、仲間内での相互評価のやりとりも無限に続く。消費の対象が、人間関係や仲間集団にまで拡張されていく。マスメディアを通して、仲間集団の言葉やイメージ、雰囲気を消費するようになる。

リースマンの知見は、今日の携帯電話・インターネットでの「つながり消費」や、自分や他人の「キャラ化」「キャラ消費」といった現象とも、大いに重なるだろう。

(4) ボードリヤール『消費社会の神話と構造』――記号的リアリティ

このリースマンの消費社会論の萌芽を受け継いだのが、フランスの**ジャン・ボードリヤール**（Jean Baudrillard, 1929–2007）だ。現代人の日常生活はモノの消費を軸に、組織化・均質化されている。家のインテリアや家電、ショーウィンドウに並ぶファッションやスーパーの食料品…。広告とマスメディアには常に、モノやイメージがあふれている。

そこには、消費社会の豊かさの幻想、CMを見て自分も恩恵に浴しようという信仰が含まれている。そこでモノは、幻想世界を指し示す記号として作用し、この記号操作の秩序に、人々の欲望が従属している。現代の消費は、こうした記号操作の世界を日々織り直す作業である。そこには使用価値から記号価値への転換がある。

モノ（記号）が意味をなすのは、モノ相互の関係や全体的配置・構成からである。消費者は、商品の単体を超えた、トータルイメージと関わる。部分で全体のライフスタイルを代表させることで、消費の連鎖が続いていく。

消費は消費者個人の主体的な欲求による行動だ、とする経済学的・心理学的言説を、ボードリヤールは徹底的に批判する。個人の力を強調することはそれ自体、今日の産業システムの正当化に結びつく。むしろ、消費欲求そのものがシステムによって生産され、操作されていく構造的プロセスを問うべきだという。

現代のモノの大群は、消費者の欲求を充足する使用価値としてより、消費者のアイデンティティを社会の中で確定する媒体として、強制力をもつ。集団や個人は今日、関係の網の目の中で自己を意味（差異）として産出しないといけない（↓リースマン）。消費はその際の言語活動の役割を果たしている。

消費社会の呪縛力は、単なる産業側の押しつけではない。各人が能動的に「自分らしさ」「個性」を追求する局面でこそ、呪縛は最も有効に作用する。個人レベルを超えた、無意識的な社会的強制である。

人々が消費の主体として訓練されていく、歴史のプロセスがあった。それは、かつて農村人口を産業労働へ動員した訓練の延長でもあった。労働力として社会化された大衆は今日、消費力として社会化される（一〇一—二頁）。消費を通じての人々の「欲望の解放」「個性の実現」自体が、新しい生産力の出現に対応したコントロールでもある。（→フーコーの権力論）

以上のボードリヤールの消費社会分析の明晰さは、今なお学ぶところ大である。その後は予言者的な批評のスタイルを強めたが、思考のヒントを多く与えてくれる。

第四章

ミクロ社会学

一 社会はドラマだ、自己は演出だ
——アーヴィング・ゴフマン

(1) ゴフマンの視点——自己表出のパフォーマンス

アーヴィング・ゴフマン（Erving Goffman, 1922-82）は、カナダ生まれのアメリカの社会学者。あまりに独特な仕事をしたため、「異端の社会学者」と呼ばれる。著書は世界中で翻訳されて読まれ、その影響は大きい。

『行為と演技』は、彼の社会学のエッセンスを凝縮している。日常の社会生活ではたえまなく、自己を表出する**パフォーマンス（演技）**が行われている。この場合のパフォーマンスとは、単に意図的な行為・演技だけでなく、同じ場にいる人々に何らかの影響を与えるような、あらゆる動作・活動を指している。

パフォーマンスを向けられる相手は、オーディエンス（観客）であり、行為者に一貫性を求める存在である。これには実在する人だけでなく、すでに死んだ人や遠くの人、神や自分の良心・信念・美意識なども含まれる。ただしゴフマンは、相互作用関係にある実在するオーディエンスに関心を向けた。

これは、社会生活を劇・ドラマの上演であるかのようにとらえる見方で、**上演論的アプローチ**、**ドラマトゥルギー**的アプローチと呼ばれる。もっともドラマは架空のフィクションを演じるが、生活の現実には、筋書きも入念なリハーサルもない。またこの生活上の演技は、本人が明確に意図せず行う、何気ないものが多い。

彼はなぜ、こうした上演論的アプローチをとるのだろうか。社会的状況の中での人間の行為は、その行為者自身についての何らかの情報を同時に伝えている。だから行為は常に、自己の印象を伝える、自己表出（self-presentation）なのだ。

「目の前の状況がいかなる場で、どんな相互行為が予期されるか、どうふるまうのが適切か」などの**状況の定義**を通して、人々は互いにパフォーマンスを行う。その際に重要なのが、目の前の他者のパフォーマンスで、人々はこれを注視しながら自分の指針を立てる。なじみの行動を見れば「いつもどおり」を決め込むし、いつもとちがえば真意をたずねたりする。

(2)　パフォーマンスのビジュアル効果──舞台装置と個人の外面

舞台装置…上演の背景・小道具。家具・装飾品・物理的配置。例：教壇。葬列やパレード。聖別されたパフォーマーに、ある特殊な保護を与え、世俗的パフォーマーと区別する（→デュルケーム「聖と俗」）。

個人の外面…性・年齢・人種・体格・服装・地位を示す記章・容姿・表情・言葉づかい・身ぶりなど。外見はパフォーマーの社会的地位を、態度は役割を伝える。我々は外見と態度の間に一貫性を期待する。「～らしいふるまいを」。

舞台装置との整合性も求められる。外面は選択されるのが普通で、創作されることは少ない。

行為にドラマティックな視覚的表現を与える際、行為と表現のジレンマもある。雑誌のモデルは、衣服・立ち方・表情などで、手にした本の理解を演じるが、表現に気が行って本を読めない。教師を注意深く見ていると、話を聞けないことがある。

(3)　表局域と裏局域

局域（region）とは、知覚の仕切りになる、区画された場所を指す。**表局域**は、パフォーマンスの舞台装置で、オーディエンスが見ている場である。表局域では、活動のある面が引き立つよう表現され、人に不信や不快を招く別の面は抑制される。

喫茶室

オーセンティシティの演出——マキャーネルの観光研究

観光社会学の分野を切り開いたディーン・マキャーネルは、以後の観光研究に大きな影響を与えてきた。一九七六年の先駆的な著書 *The Tourist* で、彼はゴフマンの「表局域／裏局域」の視点を観光に活用している。

ツーリスト（旅行者）が観光地で主に見て回るのは、その地域の中でも観光向けに設定された表舞台である。「いかにも観光」的なマス・ツーリズムの表舞台（the front）だけでは満足できないタイプのツーリストは、（観光客が行かないような）舞台裏（the back）のありのままの現実を覗き込んでみたい気持ちに駆られる。だが、例えばレストランの調理現場のように、舞台裏がツーリスト向けに演出されるとき、それ自体が表舞台へと変化しているのである。

オーセンティシティ（authenticity）は、社会学でよく使われる用語で、「真正性」「本物らしさ」などと訳される。ツーリストはしばしば、手つかずの「自然」「文化」「伝統」、本場の「料理」など、都会の日常生活にはない本来的なものにふれたい欲望を充たそうとする。だが同時に、観光では多くの場合、オーセンティシティ自体が人工的な演出の産物でもあるのだ。

抑制された事実が現れるのは舞台裏、つまり**裏局域**という。例えばゴフマンは、ボーヴォワールが記述する、男性がいない時の女性の状況を引用している。「男の前では女はいつも装っている。表情、化粧、慎重な言葉づかいによって男の前に架空の人物をつくりあげることで女はうそをついている。この芝居をやるためにはたえず緊張していなければならぬ。夫のそばで、愛人のそばで、女という女は、多かれ少なかれ《私は私自身じゃない》と思っている。…女が女と一緒だと、これは舞台裏にいるようなものだ。女は武器をといでいるが戦わない。…この親しさを、男との交際の大げさな真面目さより貴重に思う女もいる」（『行為と演技』一三二頁）。サービス業従事者は受益者に、清潔さ・現代性・洗練性・誠実性を誇張して表現したパフォーマンスを提供する。ホテル従業員は、客のいないところでは態度を変える。表局域と裏局域の分離の典型だ（↓観光、ディズニーランド）。

(4)　役割にはまるパフォーマンスと自己イメージ

行為者は、他者が状況から受ける印象（情報）を操作する（**印象操作**）。行為者は場面ごとに、様々な役割を引き受けている。その動機は様々で、単に自己利益からとは限らない。気休め薬を出す医者や、心配性の運転者のためにタイヤの空気圧を何度も点検するガソリンスタンドの従業員は、客のためにわざと客を欺く。これは、職務上の役割の真実性を追求しない効果であり、一種の情報ゲームである。

男―女、夫―妻、親―子、学生―教員、若者―高齢者、裁判官・パイロット・公務員…。様々なロール・プレイングから、個人は自己イメージを得る。役割に愛着を持つことは、精神衛生的に健全とみなされるが、これには中産階級的偏見があるともゴフマンは言う。

個人は複数のシステムに関わるため、複数の役割を演じる。そのため、いくつかの自己をもつ。ある役割を演じる時には別の役割を停止するし、役割間葛藤もある。ゴフマンは状況づけられた役割行動を扱う中で、伝統的な社会学の役割概念を批判していた。個人は単に、役割を通して社会化され、社会の規範を内面化される受動的な存在ではない。役割をめぐる具体的な行為の複雑さ・多様さを、細かく検討する必要があると言うのだ。

(5) 役割距離

役割は演じられるだけではない。ある役割の真似をする時のように、「演じるふりをする」こともある（『出会い』一〇四頁）。医者を演じる俳優の役割は、俳優だ。オーディエンスがいない状況では、役割を捨てることもある。手術前後の外科医は、外科医らしくないやり方でぼんやり眺めたり、髪をといたりして、役割を演じることを中断する。手術中もわざと関係ない話（家庭の話など）や冗談を言って、リラックスムードを醸す。これがかえって、状況をコントロールする機能を果たす。

役割距離＝個人と役割の間で、効果的に表現される乖離。役割距離は、実際にその役割を拒否しているのでなく、その役割に含まれる虚構の自己を、拒否している。

役割への愛着の欠如を隠すため、役割を受け入れるふりをすることもある。メリーゴーランドに乗る子供は、かつては怖がったが、徐々に慣れ楽しむ。成長して物足りなくなると、他の馬に乗り換えるなどして、わざと状況を積極的に操る。この役割距離によって、その遊びから身を引こうとする。大人になると、メリーゴーランドをわざと怖がったり冗談を言ったり、独創的な技巧をこらして役割距離を示すことで、大人の優雅さと気安さを表す。

部下が上司の指示を受け、上司が定義づけた状況に同調させられる時、ひとりごとや皮肉、冗談、風刺などの役割距離は、自己がその瞬間の拘束・役割の外部にいることを示してくれる。役割距離は、役割責務と実際の役割パフォーマンスとの中間に位置し、両者の乖離を表現する。

従来の役割分析は、個人の活動を完全に支配するような、主要な役割を想定していた。しかし役割は、多元的な状況の中で演じられ、距離をとられるものでもある。

(6)　儀礼的無関心

言葉のコミュニケーションは、口を閉ざせば止められるが、身体のコミュニケーションはとどまることがない。相互作用の状況では、自己表出の連鎖は続いていく。居合わせた見知らぬ他人を、じろじろ見ることがある。相手のことをさぐると同時に、その反応を顔に表す（例・米南部の白人が通りすがりの黒人に投げかける、憎しみの凝視）。他人の存在を全く無視することもある。相手を一瞥する関心もない。

これらとは対照的に、今日の礼儀作法として、**儀礼的無関心**がある。相手をちらっと見るが、その時の表情は相手の存在を認識したことを表す程度にとどめる。次の瞬間、すぐ視線をそらし、相手に対して特別の好奇心や意図がないことを示す。

この場合、見る人の目が相手の目をとらえるのは許されるが、「会釈」にまで発展するのは許されない。道ですれ違う二人は、「およそ八フィートの距離になるまでの間にお互いに相手をよく観察し、その間に道のどちら側を通るかを決め、それを身振りによって示す。そして、相手が通りすぎる時には、あたかもライトを下向きにするかのように、お互いに視線をふせる。これは個人間の儀式を最小限に抑えようとする行為である」（『集まりの構造』九四頁）。我々がふだん何気なく行う、きわめて微妙な適応行為である。

儀礼的無関心を装うことで、我々は偶然居合わせた他人を疑ったり恐れたり、敵意を持ってないことをほのめかす。目の表情には「ざっくばらんさ」が必要になる。

(7)　全制的施設

ゴフマンは三年間、精神病院の入院患者に関するフィールドワークを行った。その成果が『アサイラム』（一九六一）、『スティグマの社会学』（一九六三）、『集まりの構造』（一九六三）である。

全制的施設とは、「多数の類似の境遇にある個々人が、一緒に、相当期間にわたって包括社会から遮断されて、閉鎖的で形式的に管理された日常生活を送る居住と仕事の場所」である（『アサイラム』v頁）。刑務所や精神病院、修道院は典型的だ。

現代の基本的な社会的取り決めは、「個人は異なる場所で、異なる参加者たちと、異なる権威に従って、全面的で首尾一貫したプランもないままに、睡眠をとり、遊び、仕事をする」こと（六頁）。だが全制的施設は全く逆だ。大量の人々を官僚制的に組織し処理する。居住共同体と形式的組織を組み合わせ、人々に強制力をふるう。

新来の被収容者の自己は、一連の貶め、降格、辱め、非聖化を受け始める。非意図的なことも多いが、組織的に屈辱を経験する。個人の自己が無力化される過程である（これを知ることで逆に、「常人」としての自己の維持に必要なしくみもわかる）。

外部世界からの隔離によって、被収容者の役割は剝奪される。プライバシーの剝奪により、自己喪失のプロセスは進行する。生活史の聴取・写真撮影・体重測定・指紋採取・番号付与・身体検査・所持品申告・脱衣・入浴・消毒・丸刈り・制服貸与・部屋の割当などの入所手続きは、「不要部分切り捨て」「プログラム化」である。体重や指紋のように、「人間」という抽象的なカテゴリーの属性にのみ基づいてとられる処置は必然的に、個人の自己アイデンティティの基礎を無視することになる。私物のうち最も重要なものは、自分の名前である。この喪失によって、自己は著しく矮小化される。また所有物も、自己に特別な関係をもつ。人は、自己の個人的外面を操作するために**アイデンティティ・キット**を必要とする。全制的施設ではこのキットを一つずつ剝奪され、通常の自己イメージを他人に表出できなくなる。

個人のプライベート領域＝聖域の侵犯（→デュルケーム「人格崇拝」）。自己と環境の境界は侵犯される。こうした施設による無力化を自己無力化が、制約を自己放棄が、殴打を自己暴力が、糾明を自白が、自己の内側から補完・強化していく。

(8) デュルケームからゴフマンへ――個々人が操る自己と秩序

ゴフマンは一貫して、対面状況の中で構築される、社会的な現実と自己に焦点を当てた。彼にとって、自己は実体でなく、関係の中で構築される。

シカゴ学派のミードやシンボリック相互作用論との近さを指摘されるが、彼はデュルケーム→人類学の流れの影響を受けていた。現代アメリカに身をおきながら、人類学者の目で日常を分析した。「聖と俗」「儀礼」「人格崇拝」など、デュルケームの視点を多用しつつ、ゴフマンは相互作用秩序をとらえる独自の視点を構築した。同時に、「個人が規範を内面化することによって社会秩序は成り立つ」というパーソンズの視点への違和感もあった。道徳的責務は、そのつど相互作用状況の中で発生してくる圧力でもある。人はその中で、自己を操ることを強いられている。そのありようを、常に具体的場面において記述したのがゴフマンの真骨頂であった。

現象学
近代科学の特徴は、デカルト的二分法（精神／物質、主体／客体など）と経験主義。自然科学をモデルとする人間科学。哲学者フッサールはヨーロッパ諸科学の危機を克服するため、現象学を提唱した。現象学は、人々が暗黙のうちに自明視する、世界への見方・関わり方（自然的態度）を問い直し、「事象そのもの」をとらえようとする。→社会的世界は単なる「物」の世界でなく、行為者の意識作用によって、構成された世界でもある＝デカルト的二分法の克服。

二　アイデンティティと社会の弁証法
――バーガー&ルックマン

(1)　現象学的社会学――日常の「あたりまえ」を問い直す

社会的事実は確かに、個人の手には届かない独特の性質をもつ。しかし社会は、個人とは関係ないところで動くのか？　個人の外側にある、客観的実在なのか？　いや、人間の内側の世界も社会を形作っている。人々はミクロな日常生活の中で、自分や他人、マクロな集団や制度を自分なりに意味づけ、多様な世界を生きている。**アルフレッド・シュッツ**（Alfred Schütz, 1899–1959）は、フッサールの現象学とウェーバーの理解社会学を結びつけ、**現象学的社会学**を構想した。

社会科学が扱う社会的世界は、そこに生活する人々によってすでに、意味的に構

構築主義
社会学や社会史などで採用されているひとつの現実の見方で、「自然」「文化」「性別」「人種」など、一見「もとからある」自明なカテゴリーや現実が、実は特定の歴史の流れのなかで、人々の相互作用や語りの中で産み出された人為的・社会的・歴史的な産物であることを重視する立場（上野編二〇〇一など）。逆の立場として、例えば「自然」「人間」「日本」などに、もともと決まった不変の本質があるという考え方は、「本質主義」と言う。

成された世界（＝一次的構成物）である。科学はこれを、概念やモデルによって再構成する（＝二次的構成物）のだから、日常生活のリアリティが主観的に構成されるプロセスを、まず解明すべきだとシュッツは考えた。

つまり我々が「現実」と呼ぶものは、最初からそこに客観的にあるわけではない。人々の社会関係の中で、主観的に構成されたものにすぎない。「あたりまえ」の世界が、ある社会的な「類型」によって構成されていたり、「類型」を共有することで「社会」が成り立っていたりすることを、シュッツは反省的に記述しようと試みた。

シュッツが本を出したのは一九三〇年代だが、現象学が社会学者に注目され、フッサールやシュッツが広く読まれ出したのは六〇年代。当時支配的なパーソンズのシステム論、構造―機能分析に異議が唱えられた時期だ。シンボリック相互作用論、ゴフマンの上演論的アプローチ、現象学的社会学、エスノメソドロジー、**構築主義**など、ミクロな意味と秩序形成の世界を扱う学派が、アメリカに続々登場した。

(2) バーガー＆ルックマン『現実の社会的構成』

バーガー（Peter L. Berger, 1929–）と**ルックマン**（Thomas Luckmann, 1927–）は、ともに晩年のシュッツに学び、彼の現象学的社会学を継承・発展させた。

彼らは共著『現実の社会的構成』で、現実世界が社会的に構成されるプロセスを、**知識社会学**によって解明しようとした。従来の知識社会学は、インテリ思想家の体系的な思想や理論を扱ってきたが、これらは社会の「知識」の一部にすぎない。

そこで彼らは、常識的「知識」が社会状況の中で発達し、伝達・維持されていく中で、日常的「現実」がいかに構成されていくかの解明を、知識社会学の課題とした。また従来の知識社会学では、「人間の意識は社会的要因によって規定される」と考える傾向が強かった（マンハイムの「存在拘束性」。「社会→人間意識」の社会的決定論）。バーガーらは、「人間の意識による現実構成」の面に力点を置いた。

(3)　社会の三つの契機――ウェーバーとデュルケームの綜合

①**外在化**（externalization）「**社会は人間の産物である。**」人間が活動を通じて世界にはたらきかけ、自己を実現し、社会を作り出していく過程。

②**客体化**（objectivation）「**社会は客観的な現実である。**」①の活動の結果、人の手を離れて独立した社会的現実が存在するに至り、客観的実在となる。

③**内在化**（internalization）「**人間は社会の産物である。**」②の社会的現実を意識の内に取り込み、それを主観的現実へと変換して、人間が現実を受け入れる過程。

この三つの契機は、「個人―社会」「主体―客体」の弁証法的な関係を織りなす。

この指摘でバーガーらは、主観的意味を強調したウェーバー（①）と、客観的事実性を強調したデュルケーム（②③）を綜合した。矛盾でなく、社会の二重性である。

バーガーらの問題意識は、「主観的意味が客観的な社会的事実になるのは、また人間の行為がモノの世界を作り出すのは、いかにして可能なのか」という、ウェーバーとデュルケームを組み合わせた問いであった（『構成』二六頁）。

(4) リアリティの安全装置としての正当化図式

人間には他の動物のような、種の本能的環境が存在しない。行動に安定性をもたらす生物学的構造がないため、社会秩序を創造しなければならない（＝①外在化）。だが、そうして作られた社会秩序は絶対的基盤を欠くため、本質的に不安定で壊れやすい。秩序を維持し、後の世代に継承していく制度化が必要だ（＝②客体化）。ただしその際、次世代が主観的に納得できるような、**正当化図式**が必要になる。社会的に構成された現実は、認知的にも規範的にも、もっともらしく説明され、正当化される必要がある。正当化図式は、常識や諺、民間伝承から、世界の諸現象を整合的に説明する宗教やイデオロギー、科学まで、様々な形をとる。歴史的に最も重要な役割を果たしてきた正当化図式は、宗教であった。

これらの正当化図式は、個人の人生だけでなく制度的秩序全体を覆い、それらを保護する、聖なる天蓋である。これによって、リアリティ崩壊の危機が回避される。

(5)　自己アイデンティティと妥当性構造

この客体化・制度化されたリアリティは、幼児期の「一次的社会化」と成人期の「二次的社会化」によって、人間の意識内へ入り込んでいく（＝③内在化）。

個人が**自己アイデンティティ**を形成するには、正当化図式だけでは弱い。どんなに世界のことが整合的に説明され解釈されても、それだけではアイデンティティを獲得できない。理屈づけより、確かな経験になるコミュニケーションが必要なのだ。

妥当性構造とは、自己アイデンティティを確証するコミュニケーション制度であり、大切な他者との間で、現実や意識の相互確認を行うコミュニケーションのあり方を指す。それは、「これが本当の現実だ」といったリアルな実感・確信を与える。

幼児は「ごっこ遊び」などから役割取得し、意識の中で「一般化された他者」を形成する（ミード）。個人は他者の役割と態度を、さらには他者が生きる世界をも自分のものにする。アイデンティティとは、一定の世界の中への位置づけであり、その世界に調子を合わせることで初めて、自分が自分であることが確認できる。

宗教を含む正当化図式とともに、他者との何気ない交流（特に会話）が、日常世界の自明性の維持・保証と自己アイデンティティの確証に、大きな役割を果たす。

(6) 近代——生活世界の複数化と、安住の地の喪失

以上を前提して、バーガーは『故郷喪失者たち—近代化と日常意識』で、**近代**（modernity→ギデンズ）の現実を人々はいかに体験しているかを掘り下げた。近代人は、「安住の地の喪失感」に悩む。近代化とともに、かつて宗教が果たした、社会全体を覆って統一的な意味を提供する天蓋の役割は衰退した。

前近代では、家庭・職場・政治・祭礼など、人々は常に共通の世界にいた。その統合的秩序は宗教的だった。近代社会では、**生活世界の複数化**が進む。まず基本的に、私的領域（privacy）と公的領域（public）への二分化が進み、さらに両領域の内部が複数化し、公では職業の細分化・官僚制化が進行した。他方、私生活では近代人は、統一的で持続的な意味秩序を得られるよう調整を図るが、不安定だ。例えば背景の異なる者同士の結婚は、二つの意味世界の間の妥協であり、不満を抱けば別の私的世界へと、自ら複数性を求めることもある。

都市化とメディアの発達で経験は多様化し、生活世界の複数性はますます進む。複数化とともに宗教の力は弱まり、**世俗化**と**宗教の私生活化**が進行する。近代人は「安住の地」を失ったが、安住状態への**ノスタルジア**も、また高まっていく。

第五章

情報社会をタフにクールに生きる術
――ニクラス・ルーマン

一　複雑性と社会学的啓蒙

(1)　ニクラス・ルーマン（Niklas Luhmann, 1927-98）

ドイツの社会学者。タルコット・パーソンズ（Talcott Parsons, 1902-79）の社会システム論を批判的に継承しつつも、現象学やベルタランフィの一般システム理論、マトゥラーナ&ヴァレラのオートポイエーシス理論、サイバネティクスなどの知見を取り込み、全く独自の社会システム理論を作り上げ、世界的な影響力をもった。

彼はもともと行政官僚で、上級行政裁判所や文部省で働いていた。その時から社会学や哲学の文献に取り組み、カードボックス方式（読んだ文献を主題別にネットワーク化した索引カードによる参照システム）を構築していた。

やがて、官僚としてはもはや自分の関心を追究できないことを悟り、学問へ転換する。六〇年、パーソンズのいるハーバード大学に留学。「どうすればパーソンズのような巨大な理論が構築されるのか、またそれが破綻するとすればどこでなのか」を、直接知ろうとした。帰国後、大学教官となり、精力的に著書を生産していった。

(2) 世界の複雑性とその縮減――「選択すること」の強制

ルーマンの社会理論の基本的な問題は、「**世界の複雑性**」(複合性)である。我々は日常生活の中で様々な体験や行為をするが、それらは、可能性としてありうる体験・行為全体のうち、限られたものにすぎない。この世界には、現実化したものよりはるかに多くの体験・行為の可能性が、常に存在している＝世界の複雑性。その状況に、我々はどう対処するか。**選択**しなければならない。全部の可能性を現実化するなどできない。何を見、考え、何をすべきか、選択しなければならない。

ルーマンは、こうした不確定な世界の複雑性こそ、我々が日々解決すべき最も重要な問題となる、と言う。これを解決しないと、可能性の過多を前に、自分を見失ってしまう。そこで、無数の可能性を秩序づけ、意思決定によって一定のものを選ぶと同時に、他の可能性を排除することになる。これを、**複雑性の縮減**と言う。

常識的には、「選択」とは個人の自由な行為のはずだが、我々は世界の複雑性を前にして、「選択することを強制されている」とも言えよう。

(3)　ハーバーマス＝ルーマン論争——理性的啓蒙から社会学的啓蒙へ

フランクフルト学派の代表者**ユルゲン・ハーバーマス**との論争は有名で、論争書『批判理論と社会システム理論』は、論争好きなドイツの知識人に話題を提供した。

包括的な社会理論を目指した両者だが、方向は正反対だった。ハーバーマスが、人々の相互承認による「コミュニケーション的合理性」によって、理性的社会の実現を目指したのに対し、ルーマンはあくまで「複雑性の縮減」の観点から社会システム理論を構築した。ルーマンは、「人間本来の理性によって現実社会の問題に対処できる」という、カント以来の**理性的啓蒙**の立場をきっぱり放棄した。そこから彼の社会学と、**社会学的啓蒙**の立場が始まる。

意味

両者ともに「意味」を重視したが、ハーバーマスにとって意味は、主体が構成し、主体間の合意や相互承認＝コミュニケーション的合理性の基礎となる。一方ルーマンにとっては主体そのものが、意味的に構成された存在であり、すでに意味を前提するものとしてとらえられている。

(4)　情報社会をタフにクールに生きる術

社会の複雑・複合的な性質を見据え、秩序立てて把握する能力を養うこと。（意味を含むため）多面的な形で現れる現実に対し、迅速かつ的確に判断・処理する能力を高めること。システムの形成によって、世界の複雑性への対応能力を、効果的に上昇させよ。このような社会学的啓蒙こそが、彼の考える社会学の課題であった。この啓蒙は、決して万能ではない。反省を繰り返すことによってこそ、啓蒙を徹底させると同時に、その限界も知ることができる。「啓蒙の明澄化」。(『法と社会システム』七五頁)

世界の複雑性に対し、情報処理能力やコミュニケーション・スキル、反省能力を身につけ、自分の複雑性を高めていくことが、不確定で不透明な「情報社会をタフにクールに生きる術」となる(これはルーマンでなく筆者(多田)の表現)。

(5) ルーマンの科学観——「1対1対応」図式の乗り越え

徹底した情報処理によって、行為の選択の幅を広く獲得し、広い範囲にわたってシステムの能力を確保していくこと。ルーマンのこうした射程は、科学的認識に対しても適用される。(「機能と因果性」『メタ理論』所収)

彼は世界の諸現象に、ただ一種類の事象や関係だけが可能だと信じて、1対1の因果関係をとことん追究するような伝統的な科学観に異議を唱えた。またパーソンズに代表される従来の機能主義をも、同様の理由で批判している。

彼は世界を、「多様な可能性のうちのひとつの現れ」と見る。この視点が、現象学の意味論を取り込んだルーマンのシステム理論の真骨頂といえよう。

(6)「意味」を盛り込んだ社会システム理論――複雑性の縮減と保持

多様な可能性の世界に直面して、迷い込んで自分を失わずにすむのはなぜか。ルーマンは、「意味」にその機能を見出した。意味は世界を秩序づけ、その不確かさを、より確かな方向へ整える。体験を加工し、選択を行う際の方向づけを与えてくれる。無数の可能性の中から選択を行う点で、意味は「複雑性を縮減する」。

しかし他方、意味は「複雑性を保持する」機能も果たす。諸々の可能性が選択されなかったのは、一時的なだけかもしれない。選択した行為が期待はずれに終わった場合、「敗者復活戦」もありうる。つまり潜在的には、諸々の可能性は保持されるのだ。複雑性は、縮減されると同時に保持されもする。

(7) 脱-主体の理論――行為者からコミュニケーションへ

ルーマンは社会システム理論を展開するにあたって、「人間」や「行為者」「個人」から出発しない。個人を孤立的な存在として見る視点を退けるためである。社会的な次元では、自我は常に他我の存在を前提している。行為者は、意味による**コミュニケーション**の中で初めて、アイデンティティを得る。

この視点によって彼は、主体から出発する伝統的な行為理論と一線を画す。彼において行為者（個人）とは、「意味を構成していく主体」ではない。意味は、社会システムの中ですでに構成されているか、コミュニケーションの中で間主観的に構成される。行為者は、その「意味を適用していく、ひとつのシステム」なのである。ただしこれは、社会システムを理解する場合に採用されるひとつの視点にすぎない。決して、「個人＝社会に従属する無力な存在」などと考えられてはいない。

(8) 「システム／環境」図式の導入

では、システムとは何か。ルーマンは**システム**を、**環境**との関係・差異でとらえる。環境とは、システムの「外部」すべてである。自己の外部と内部の差異が、システムの前提となり、システムの境界も成り立つ。システムとは、環境との関わりの中で、環境との境界を保持し、自己の同一性を維持する存在である。社会も個人も生物体も機械も、外部環境をもつものなら何でも、システムとして考えられる。システムの外部＝環境では、内部より多くの出来事が起こりうる。環境はシステムより常に複雑性が高い。この複雑性の格差が、システムと環境を区別している。システムは、自己の注意能力と情報処理能力をはるかに超えた、可能性の世界に直面する。システムは、不透明で変動し続ける環境に適応するため、環境の複雑性を縮減していく。その際にシステムは、自己の複雑性を高めることで、環境の複雑性の縮減を果たす。またそれによって、自己を維持する。自己の複雑性の高度化＝

縮減能力の増大、である。

二　個人と近代社会

(1)「個人は社会の一部分」ではない？

ルーマンは、「社会・・個人＝全体・・部分」といった、社会学の伝統的・パーソンズ的な見方をとらない。伝統社会と異なり現代では、人々の考え方や生き方、価値観は、著しく分化・多様化している。社会と個人の関係はもはや、同質的な「全体／部分」の関係には還元できない。むしろ彼の言う社会システムにとっては、個々の人間も環境のうちに入る。つまり人間・個人は、社会システム「内部」の構成要素でなく、「外部」の独立した存在だとされる。

個人がそれぞれパーソナリティを充分に発揮でき、社会の方も変動する環境に対応していくためには、個人も社会も、互いに充分な自律性を保証される必要がある。

個人と社会は、相互依存・影響の関係にはあるが、それぞれ独立性をもった別個のシステムなのである。だから互いに環境であり続けている。パーソナリティ・システムも社会システムも、相対的な自律性をもち（自律的システム）、自己の独自な主題を形成し（自己主題化システム）、自己に準拠して活動する（自己準拠システム）。

社会と個人
そもそも彼は、「全体／部分」の図式を採用せず、「システム／環境」図式に置き換えた。パーソンズの社会システム論では個人は、社会システムの規範を内面化して社会化される「部分」的な存在として構想されていた。ルーマンは、こうした見方への批判を含意していた。

だから個人は、社会に全面的に一体化するはずもない。外部環境から様々な問題を受け取りながらも、自分なりのテーマや問題を抱えて日々を生きる。その主な関心は身辺の事柄の処理に注がれ、社会システム全体にまで想像力は及ばない。世界の複雑性という不確実な事態は、ひとたびシステムの内部に取り込まれれば、そのシステム流に翻訳されてとらえられることになる。

(2) 近代社会の機能分化

社会システムは、生物体システムや機械システムとは異なり、意味を通して様々な行為を結びつける、意味システムでもある。その構造は生物体や機械のように不変でなく、自己の内部からたえず変動しうる。

近代の社会システムは内部で、政治・経済・法律・科学・医療・教育・家族・宗教などのサブシステムへ**機能分化**し、自己の全体的な複雑性を高度化させ、縮減能力を高めていく。サブシステムは相互に関係しながらも、それぞれが一定の自律性をもち、独自に委託された機能を果たすため、その活動は著しく自己準拠的になる。

例えば社会学者は、（学界の中で枠づけられた）社会学の研究に励むが、「社会」をわかっているとは限らない。同様に、「政治」がわからない政治学者、「経済」がわからない経済学者、「人の心」がわからない心理学者などが増殖することになる。

サブシステムへの機能分化が進んだ近代社会では、全体社会の統合は、(伝統社会のように)全体を代表する中枢や、共通の目標への方向づけによっては達成されず、サブシステム間の相互依存関係の強化によって達成される(↓デュルケームの分業論)。我々は今日、中心を欠き、究極的な目標や基盤を欠いた社会に生きている。

(3)　社会の機能分化と自己アイデンティティ――自分さがしを求める社会

個人の人格やアイデンティティのあり方は、社会の分化形態によっても変わってくる。近代以前の身分制社会では、社会のサブシステムの境界は、人間間の境界と並行していた(例・士農工商)。人々は、いずれか一つのサブシステム(階層)に属し、上下の差異によって人々は自分の位置を確認した＝安定的なアイデンティティの地盤。個体の独自性を要求することは、「秩序から脱落すること」を意味した。

機能分化した近代社会への移行とともに、状況は根本的に変わる。人はもはや、安定性と確かさを与える一つの部分システムにのみ帰属するわけではない。必要に応じて労働・行政・交通・消費・医療・教育などに関わる。近代社会は、個人が様々な部分システムに、同時に所属することを要求する。個人の生活は、サブシステムの境界を飛び越える(↓バーガー「生活世界の複数化」)。分化した各サブシステムは、個人の生活状況の中で再統合される。

自己アイデンティティは（外部準拠から）自己準拠的になり、個人の独自の活動によって産み出される。もはや人間の自己アイデンティティを、外からは規定できない。個人はますます、「私は誰？」「自分らしさ」という問いに答えるために、自己観察をたえず強いられる。

近代の機能分化とともに、「自己／世界」「個人／社会」の境界が明確に区別された。近代的個人は、アイデンティティを保証する普遍的な解釈システムや、伝統的な生活様式・役割規範をもっていない。そのため、自分自身を万物の尺度とせざるをえなくなる。ただし、「いかなる範型にも従わない」という範型からは逃れられない、というパラドックスがある。

個体性は、心理現象としてのみ理解すべきではない。分化・複雑化した近代社会が、人格の個体性（Individualität 分割不可能性）を想定し、要請してもいる。

第六章

知と権力の結びつき――ミシェル・フーコー

一　知・まなざし・言説

(1)　ミシェル・フーコー（Michel Foucault, 1926-84）

フランスの哲学者・思想家・歴史家・考古学者。近代の人間中心主義に疑問を発し、独自の手法で歴史分析を行い、近代西欧の「人間」像の系譜を明らかにした。

地方都市の外科医・医学部教授の家に生まれる。幼少～十代のドイツ占領・戦争に不安を抱いた。規律にしばられた学校と寄宿舎の生活。父親との葛藤。地方出身で不利ながら、エリート養成機関エコール・ノルマル（高等師範学校）に四位で入学した。試験、競争、他人より勉強すること、常にそうした状況に生きた。彼にとって知識は、既成秩序への不信と存在への不安に対する武器となった。

だが、内気な彼はエリート集団になじめず、またゲイのため、常に緊張と孤独にあった。自殺未遂を起こし、精神科医の診察を受ける。そこから自殺を罪悪視し、同性愛を異端とするキリスト教倫理を問い直す作業へ向かうことになる。自分の経験から出発し、フロイトの精神分析、ハイデガー、ニーチェらの哲学に没頭した。

大学教員資格試験に合格、心理学助手から本格的な研究者生活がスタートした。その後窮屈なフランスを脱出、スウェーデン→ポーランド→ドイツ→フランスと、国と職を転々とした後、『狂気の歴史』（一九六一）を完成させる。一九八四年五七歳、エイズで死ぬまで彼の仕事は、自分の個人的な生の苦悩と密接に関わっていた。

(2)　『狂気の歴史』――近代が分けた正常と狂気

近代社会は「理性」の名のもとに、狂人を病院に監禁する。が、そうした排除や監禁が、「狂気じみていない」と誰が保証できるのか？　狂気の歴史はこれまで理性の側から、精神医学の言葉で語られてきた。別の見方が必要だとフーコーは言う。

狂気の排除や監禁のない時代もあった。十八世紀末、狂気が「精神疾患」と認定され、狂人と正気の人との交流がなくなる。どんな社会的メカニズムが作動したのか？　狂気を認定する様々な概念・制度・学問の全体（＝知）が、いかに構造的に成り立ってきたかを探った書。

十四〜十六世紀、理性と狂気はまだ明確に分離されてなかった。確かに狂気は不安の象徴だったが、無秩序のしるしとして、人間を楽しませる意味もあった。神の理性に比べ、狂気は人間に内在するもので、排除の対象ではなかった。

だが十七世紀、狂気は批判の対象になる。デカルトの哲学は、狂気は思考を不可能にするとみなし、理性の領域から排除した。これと並行して、フランスの救貧院など広大な監禁施設が設立され、十八世紀末にはヨーロッパ中に施設が広がった。キリスト教会は「善い貧乏人」と「怠惰な貧乏人」を選別し、後者を排除していく。狂気も非神聖化され、同性愛・放蕩・信仰放棄も、「非‐理性」の枠内に閉じ込められ、監禁された。一方、「正常人」の概念が生まれ、「法的な主体」とみなされた。

十八世紀、万能薬に代わり、特定の病気の「治療」という概念が登場し、狂気の治療もこれに依拠した。狂気＝悪から回復させ、社会復帰させることが治療の目的になる。十八世紀後半、狂気は「個人が環境に適応できない状態」とされる。社会環境が複雑で不透明になるほど、狂気は増大し、監禁は拡大していく。

(3)　『臨床医学の誕生』――医学的まなざしの特権化

『狂気の歴史』の主題は「**権力と知**」であった。精神医学という知が、権力による社会統制といかに関わっているかを問うた。『臨床医学の誕生』でフーコーは、医学を対象に同じ作業を行った。近代的な「医師—患者」関係の成立を、医師の**「まなざし」**という視点から考察した。

かつて医者は、患者に「どうしたのですか」とたずねた。十八世紀末には、「どこが悪いのですか」に変化する。病を全身的なものとみなす立場から、人間の身体を機械のように多くの部品からなるものとみなす立場へ。ここには新しい身体観と、「医師—患者」関係の転換がある。

十八世紀の分類学的医学では、病気の本質を見極めるため、早めの投薬は控えられた。だが十八世紀末には個々の病人の苦痛や訴え、「個人的なもの」が注目される。

さらにフランス革命期、病は社会的原因をもつとして、病への戦いは、悪い政府との戦いから始めるべきとされる（医学の政治化・国家化）。医学は単に治療技術でなく、「健康な人間」＝「病気でない人間／模範的人間」を定義する役割を担っていく。以後、「正常—異常」図式が医学に浸透し、真理を見るまなざしがそのまま、ものを支配するまなざしへと化す。臨床医学において、「観察」に特権が与えられた。対象に介入せず、あるがままに眺める純粋な「まなざし」の特権であり、それを言い表す医師による、視覚と言葉の相互作用である。

(4)『言葉と物』――「人間」というカテゴリーの発見

フーコーを世界的に有名にしたベストセラーだが、本人は「なぜ売れたのかわからない」。当時六〇年代は**構造主義**ブーム。レヴィ＝ストロース『野生の思考』、アルチュセール『マルクスのために』『資本論を読む』、ラカン『エクリ』など一連の潮流と重なり、人々やマスコミが飛びついた。

西欧において、いかなる知の体系（＝**エピステーメー**）の変容が起こって、近代の人間科学や、その根底にあるヒューマニズムが生み出されたのか。近代に発達した人間科学は、言語を用いたゲームにすぎない。「言語は価値中立的な表現手段として、特権的な力をもつ」という近代の幻想の中で作られた科学の特徴に注目した。

①十六世紀まで、エピステーメーの基盤は「類似」だった。似たもの・近いものがつなげられ、百科事典的な言葉の配置によって、世界の秩序が再構成された。

②十七世紀には類似は衰退し、「比較」と「分析」が代わる。⑴言語（文法）の領域で、「である」動詞によって「主語―述語」の関係が成立する。⑵生物では博物学が出現する。記号と世界の分離。集めた物を中性的な言葉で表現する。伝聞や味を排除し、「見る」ことを特権化した。目に見える「構造」の発見。⑶富の分析における「価値」の発見（＝新しい関係づけ・差異の体系の知）。

③十八世紀末～十九世紀、経済学者アダム・スミスやリカードによって、「労

働」が商品価値の尺度とされた。経済活動における新しい「人間」概念の出現。「ホモ・エコノミクス」＝労働する人間。生物学では時間性・歴史性の概念が持ち込まれ、「進化」論や「生命」志向が登場した。

詳細な検討を経て、フーコーは結論に至る。十八世紀末以前は、現在使われている意味での「人間」という概念は存在しなかった。「人間」概念とは二〇〇年前、近代の学問体系（＝知）が作った、新しい産物にすぎないという。

近代的存在としての「人間」。フーコーの考察の背景には、ヒューマニズム・人間中心主義への根本的な懐疑があった。すばらしいはずの人間が、なぜ戦争で大量殺戮をするのか。環境破壊も、人間の近代的理性の産物である。しかも、近代の学問知が設定する「人間」という価値基準の裏には、「非人間」が前提される。異民族や同性愛者など、マイノリティの問題があった。

(5)『知の考古学』――ディスクール分析の視点

彼はこの書で、ここまでの歴史研究を理論化し、今日の言説（ディスクール）分析の基礎を確立した。彼はまず、従来の歴史研究を批判する。マルクスの生産関係の歴史やニーチェの系譜学は、「人間」「主体」中心の歴史を退ける試みだったが、その後の歴史学は、再び「主体が歴史を作る」視点に戻った。

対してフーコーは、言説・発話と、それがおかれる文脈に焦点を当てる。「地球は丸い」など、どんな発話も、時代や環境・制度・社会関係・文化が異なれば、その意味は異なる。言説（ディスクール）は、個々の発話が集まって形成される。

ある言説の形が作り出されるのは、いかなる社会的文脈においてなのか。例えば非行少年が精神医学の対象となる場合。時代状況や精神医学界、家族、学校、世論、政治家など様々な要素がからみ合って、一定の言説を形成し、現実を産み出す。

彼にとって歴史研究とは、言説編成のあり方を規定するシステムの解明だった。

二　フーコーの権力論

(1)『監獄の誕生』――まなざしによる主体化と規格化

今や権力を論じる際には必読の「新しい古典」。十八世紀半ばまで、刑罰は残虐な身体刑を行っていた。しかし十九世紀、鉄の枷をつけた強制労働やさらし台、八つ裂きなど、肉体的苦痛を与え見世物にする処罰は消滅していく。近代的な刑罰制度は、「閉じこめ」＝自由の剝奪を選んだ。肉体の処罰から精神の処罰へ。裁判官は犯罪だけでなく、犯罪者の心理にまで立ち入り、正常か異常かを裁くに至る。

一方、人間の身体は政治的に監視され、服従するよう、**権力**によって包囲されていく。近代社会における、服従する身体の包囲網を明らかにすることを目的とした。

十九世紀、管理・矯正装置としての近代的監獄システム。その対象は、受刑者の身体・時間・精神となる。監獄は時間によって刑罰を数量化し、時間割に従って行動を管理していく（↓リッツァ）。全体的であると同時に細部にまで目が届く権力の形態に従う、服従する主体（sujet 英語で subject）を形づくる。

しかし監獄は、囚人の矯正に失敗したと批判される。だがその真の機能は、何が犯罪・非行かを区分し、非行者や犯罪者を位置づける点だとフーコーは言う。「何が正常か異常か」「何が正統か異端か」を決定する、**規格化の権力**の広がり。裁判官だけでなく、教員・医師・福祉施設職員などの裁定者は、行動・身ぶりなどを規格に合致させ、近代社会の監禁ネットワークを支えている。

フーコーは「**ディシプリン**（**規律**）」概念を提示した。十八世紀後半、身体は「作り上げられるもの」「管理・訓練を受ける対象」として認識されていく。身体の動きに注目し、空間・時間・運動を管理するような、身体全体・細部に行き渡る管理、内面のコントロールである。従来の奴隷制や奉公関係、修道院の規律ともちがう。ディシプリンの技術は学校から始まり、医療施設、軍隊、工場などに広がった。

ディシプリンは、**まなざし**による拘束のシステムである。ベンサムが構想した**パノプティコン**（**一望監視施設**）は円形の収容施設で、中央監視塔から三六〇度、独房の囚人たちを一挙に見渡せる。孤立した囚人からは中央の管理者は見えず、管理者なしでも服従が可能になる。「監視と同時に観察、安全と同時に知、個人化と同時に全体化、孤立化と同時に透明化」（二四六頁）。権力の自動化・非個人化である。

試験も、まなざしによる監視・処罰・規格化である。試験とは、ある規格で個人の能力を量的に測定し、資格を与え、階層序列を決める権力の儀式である。受験生は常に、「1ケース」として見られる。

監視社会・規律社会としての近代。ディシプリンは、病院・工場・学校を秩序化した上に、身体管理の技術・知識により、臨床医学・精神医学・心理学・労働合理化などに道を開いた。規格化の専門家は、ディシプリンの技術を日々行使している。

(2)『性の歴史I　知への意志』――「生-権力」の時代

「セックスの歴史」ではなく、セックスに関する「規範＝基準（ノルム）」の形成の歴史。学問体系（エピステーメー）が性に関して、いかに規範化を遂行してきたか。知と権力の歴史のセクシュアリティ版である。

十七世紀から性の抑圧が始まったとされるが、実態は逆である。この三世紀、性に関する言説はむしろ爆発的に増大している。なぜか？

フーコーは、権力が性の語り・告白を要請していると指摘する。十八世紀、国家は労働力確保のため、「人口」を政策課題とした（産めよ殖やせよ）。出生率・生殖行為の問題となり、「性」の支配・統御のため、情報収集が行われた。

十八～十九世紀、一夫一婦制を正常とするシステムが作動する。夫婦の性行動は特別に語られなくなった代わりに、少年や狂人の性行動、同性愛などが問題視されていく。十九世紀、（正常な性行動の）夫婦と子ども＝近代的家族をめぐって、正しい授乳、母子の衛生管理、夫婦と子どもの寝室の分離、少年のオナニーの監視など、家族を監視するシステムが作動していった。

ここでフーコー独自の権力概念が登場する。従来の視点は「政治的君主・法律による支配と服従」だった（→ウェーバー）。しかし、政治権力・君主・法律がない場面でも、権力ははたらく。家族・学校・会社・小集団・経済・学問・性など、あらゆる社会現象の中に、権力関係は存在する。権力は無数の点からそのつど発し、いつでもどこでも生産される。（→ブルデュー「象徴権力」、ジェンダー研究、CS）

フーコーにおいて、「支配者－被支配者」という古典的・ウェーバー的な二項図式は乗り越えられた。権力をふるうのは特定の個人ではない。様々な社会関係の中で権力が作動し、行使されるにすぎない。また、抵抗は権力の外部でなく内部にあり、諸関係の網の目の中で不規則に発生するため、抵抗を排除することはできない。

十九世紀、近代家族は、性と婚姻を結びつけ、性的欲望を生み出し、根づかせる装置とされた。家族は性に関する規範の担い手となり、近親相姦はタブーとなる。優生学と、性に迷った者を再び家族のもとで性的に正常化する精神医学が発達した。性と生殖能力を、行政権力が管理していく流れである。

近代は（君主でなく）「国民」の名のもとに、誰もが身体をソフトに管理される、**「生－権力」**の時代である。

第七章

認知と承認をめぐる象徴闘争
——ピエール・ブルデュー

一　ハビトゥス・界・資本

（1）　ピエール・ブルデュー（Pierre Bourdieu, 1930-2002）
フランスを代表する社会学者。独自の方法・概念により、既存の枠を超える学際的研究を展開した。南仏ベアルン地方の小村出身。高等師範学校卒業後、哲学の教授資格を取得、リセ教員に。一九五八年、アルジェリア戦争に徴兵。戦後もアルジェで民族学的フィールドワークを行う。六四年、社会科学高等研究院教授。ヨーロッパ社会学センターを主宰、共同研究を展開。八一年、コレージュ・ド・フランス教授。

(2)『ディスタンクシオン』——スキ/キライとはどういうことか

ブルデュー中期の最高傑作。ディスタンクシオン＝他者と自己を「区別」することによって自己を「卓越化」すること。これは個人レベルにとどまらず、既成の階級構造を再生産する不可視のメカニズムとして、様々な局面でたえず機能している。

「趣味」という一見最も個人的で、自由な判断・選択にゆだねられているはずの領域でも、その判断・選択自体が、個人の属する階級・集団に特有の知覚・評価・行動様式＝**ハビトゥス**によって規定され、方向づけられている。どんな絵や音楽を好むか、どんなスポーツをするかにもハビトゥスが作用する。

音楽・絵画・写真・スポーツなどの趣味から、政治的態度、料理・服装・しゃべり方・身ぶりまで、「文化」を構成するあらゆる慣習行動＝プラティックを分析対象とした。ブルデューはこれらから階級・集団のハビトゥスを抽出し、各集団の生活様式が織りなす差異の体系として、社会空間を描き出した。正統性と卓越化の感覚をもつ支配階級（ブルジョワ）、正統文化への憧れをもつ中間階級（プチブル）、「必要」を選択する庶民階級、という三類型を用いた。

趣味は、互いに調和する人を近づける。同一階級内の結婚がそうである。近代社会の恋愛結婚は自由な主体の判断だという前提があるが、本当か？　出会いからして、人の紹介や組織に媒介される。また個人は、育った環境の中で培った行動様式やものの見方・考え方、身ぶりをもつ。恋愛結婚さえ、二人の「自由な合意」だけでは成立しない。ハビトゥスの親近性や、二人を取り巻く社会関係が影響してくる。

(3) ハビトゥスの形成と教師の権威

教育は、**ハビトゥス**（知覚・思考・評価・行為を産み出す身体システム）をつくる長期的営みである。ハビトゥスの産出によって、社会変動の中でも歴史の連続性を維持することができる。従順なハビトゥスを生産すれば、既成秩序は物理的強制力に頼らずとも再生産される（→デュルケーム）。

教育が定める限界内にとらわれつつ、自由の幻想のもとに生きる。生徒の無意識の自己規律と自己検閲が、教育の正統性を最初から承認する。身体に根づいた信仰が、教育的権威を支える。教育行為が正統性をもつのは、お金や言葉と同様、権威が「通用する」からである。教師は、教える前から承認されている。その技術やカリスマは、授業の内在的価値とは別に、教師―生徒関係の中で自動的に与えられる。

(4) ブルデュー理論のエッセンス

難しいといわれるブルデュー理論だが、基本的には「ハビトゥス・界・資本」の三つの関係を押さえれば理解できる。**界**（champ「場」とも訳す）とは、人々の社

界

個々の界は、他には還元されない固有の実践的な論理をもつ。ルーマンのシステムに近い。

資本

資本は、①ハビトゥスとして身体化された特性、②貨幣や文学全集のように客体化された物体、③学歴や弁護士・医者のように制度的に保証された資格、といった様々な形をとる。特定の界の中で

価値の高い資本を持つほど、その個人は界の中で権威ある高い地位を与えられる。

プラティック
（pratique）サルトル的な自覚的な意識の投企としてのプラクシス（praxis）と区別された用語。「慣習行動」とも訳される。それは、意識的・理性的な行為も、センスによって生み出される非意識的な行為もともに含む、包括的な概念だ。ハビトゥスは、意識と言説の手前で瞬間的に作用し、状況に見合った戦略をとることで、多様なプラティックを産出する。

会的位置の配置構成である。高度に専門分化した近代社会は、政治界・経済界・教育界・芸術界・宗教界・スポーツ界などの、相対的に自律した界に分化している。

ブルデューは界を、プレイヤーたちのゲーム空間として導入している。人々は自分が所属する界の中で価値を与えられた財＝**賭け金**を求めて闘争する。手持ちの有効な特性は資本である。経済資本・**文化資本**（学歴・知識・趣味など）・社会関係資本・言語資本・身体資本など、資本の種類は様々である。

界の中で、人は意識的・自覚的にゲームに参加しているとは限らない。出生以来の教育を通じて、すでにゲームに参加しているため、ゲームと賭け金への自明な集合的信仰に包まれている。この信仰がまた、ゲームを成り立たせる。

彼がこうしたゲームのモデルを使うのは、客観主義的な社会的決定論を批判し、行為者（agent）の存在を重視しつつも、主体（sujet）の意識的・合理的行為を重視する主観主義をも避けるためであった（→ゴフマンのドラマトゥルギー）。

界に参加しているプレイヤーは、ゲームのセンス＝**実践感覚**を備えている。ブルデューは、行為者が身体化している、無数の状況に対応可能なこのセンスを、**ハビトゥス**と呼ぶ。ハビトゥスとは、社会関係の中で形成された身体能力であり、**プラティック（実践）**＝外的に行う行為と、**表象**（représentation）＝主観的な知覚・評価作用との両方を産み出し、かつ、体系的に組織化していく。

二　象徴──暴力・権力・闘争・資本

(1)『再生産』──「機会均等」の名のもとの、文化的な不平等

『遺産相続者たち』に続く教育社会学的研究。高等教育就学者のうち、上層階級子弟が占める比率が高い。これは単なる経済的不平等だけでなく、言語能力・教養・学習態度など、各階級の文化と関連がある。学校文化は上層階級の文化と親近性をもつため、上層に有利に、民衆階級に不利にはたらく選別装置となる。こうした不平等は、「機会均等」「学生集団の等質性」という見かけのもとに覆い隠されている。

(2) 象徴暴力としての教育

以上はブルデュー論のステレオタイプ。だが彼の**関係論**的な視点・論理はより複雑なので、その理論的エッセンスを単純化せず、丹念に追う方が生産的だ。

一般に界は、**相対的自律性**を特徴とし、自律と従属の両面がある。つまりある程度は閉じて独自の世界を持ち、ある程度は外部社会に開かれ、従属・依存している。これは教育界にも言える。その自律性はあくまで相対的で、内部の論理だけでは

象徴システム
　ブルデューは哲学者カッシーラーにならい、言語・芸術・宗教・歴史・科学など、文化的な意味の総体をこう呼んだ。それは社会的諸条件の産物であり、支配的な位置にある象徴システムは、支配階級・集団の物質的・象徴的な利害関心を、間接的に表現している。

完結しない。逆に、マルクス主義的な「階級支配の再生産の道具」といった、外部の力関係の反映だけでもない。学校に文化伝達の機能のみを見る（デュルケーム）のも、経済の反映を見る（マルクス主義）のも、教育の界に特有の論理を単純化している。教育において文化を伝達する象徴的な関係と、その基礎となる社会的力関係とを、両者の関係性の中で見ていく作業が重要となる。

　ブルデューは、教育システム内部と外部の関係（教育の界と社会の階級状況の関係）をとらえる。ある時点での社会的な力の配分（階級関係）は、過去の闘争の産物で、客観的には必然的ではない（社会的力関係の恣意性）。しかし、この力関係に調和的な形で、「正統」な文化内容が産み出される（文化的恣意）。二重の恣意性。だが当事者には必然的なものに映り、この二重の恣意性はめったに暴かれない。

　ブルデューは教育を、**象徴暴力**と位置づける。象徴暴力とは観念・表象に働きかける暴力であり、押しつけの暴力であることを気づかせない、ソフトな暴力である。教育は、①諸集団・階級間の客観的な力関係を再生産する。②教える内容・意味の選択と排除により、支配的集団に親和的な文化を再生産＝**象徴システム**内の主観的な力関係を再生産する。文化的再生産は、社会的再生産の機能も果たす（②↓①）。

　教育コミュニケーションが象徴暴力たりうる条件は、力と内容の恣意性が暴露されないことである。単なるコミュニケーション関係という中立性のもとに、背後の力関係を隠蔽し、支配的な力に権威を付加する。

聖と俗
「善と悪」の対立は相対的であるのに対し、「聖と俗」の異質性は絶対的である。ブルデューは学校において神聖な権威を授けられた教師を、教会における祭司とのアナロジーでとらえる。

(3) 現代社会の聖と俗――一段高い教壇の意味

デュルケーム的な「聖と俗」の境界線は、宗教の領域に限られない。ブルデューは教育システムが与える権威に、現代社会の聖と俗を見る。彼は一九八二年のコレージュ・ド・フランスの開講の辞で、自分が学生より一段高い教壇に上がって講義を行う状況そのものを、最初に客観化する（*Leçon sur la leçon*, p.1より多田訳）。

「入会と任命の儀式として最初の講義は、象徴的に委任の行為を実現する。この委任の期間、新しい教師は権威をもって語ることを認められ、この委任によって彼の話は正統な言説という状態におかれ、権限をもって行われる。儀礼の適切な魔術的効果は、新規参入者と学者共同体の間の、音もせず目に見えないやりとりにある。新規参入者は公的なものとして話を行い、学者集団はこの話が、最も優れた教師にも受け入れられることで、普遍的に受け入れられる＝教師になることを保証する。」

聖と俗の境界線は、文化的エリートと一般人を隔てる境界線でもある。何気なく上演される一回目の講義は、新規参入者たる教師とその語る内容に、正統性を与える暗黙の魔術的効果をもつ儀式・儀礼である。学生の最前列の席との隔たりと一段高い教壇、そして難しい言葉が象徴的な効果を発揮し、聖と俗の境界線を引き、それによって学校システムの権威を再生産する。

(4) 試験という代理表象――聖別の儀礼の上演

ブルデューは、「学校システムが階級構造に対して中立性と独立性を保持している」という幻想を断ち、試験によって隠蔽される選別と排除のメカニズムをさぐる。勉学から排除された多くの者は、長い教育課程の中で、試験前にすでに排除されている。だが試験という公式的な選別は、受験者内部のビリ合格者とトップ不合格者の間に「聖と俗」の絶対的な境界線を引き、「実力による差別化」という公式的な**代理表象**（représentation）のもとに、受験者と非受験者との過去の関係を隠蔽し、無時間化してしまう。

ブルデューはそこに、階級の問題を見る。排除が試験にゆだねられる階級と、試験以前に自己排除せざるをえない階級への分裂だ。学校で教えられる言葉の操作能力は、家庭で身につけた能力・態度により、接近度が異なる。教育課程を進むにつれ、社会的レベルの不平等は学校レベルの不平等へ変換される。

評価基準や技術を形式化・合理化しても、社会的に中立的になりはしない。試験

学校言語
例えば小論文や口述試験に現れる暗黙の規範。文体や態度、アクセントや発声法、姿勢や身ぶり、服装や化粧までもが、受験者の資質の指標になる。

帰属主義

歴史的闘争の結果（関係的差異）を生まれつきの本性＝自然（nature）として考える（実体化）、新たな帰属主義（貴族主義?）の隠れ家となる。エリートへの帰属は、貴族のしるしともなる。

儀礼

子どもから大人への「通過儀礼」とは明確に区別し、ブルデューは社会的差異を公認・正統化する儀礼という意味で、「聖別の儀礼」「制定の儀礼」と言う。

官の社会的・就学的特性が偏っている以上、評価基準も暗黙のうちに偏る。「科学性」「中立性」という一般的な表象（représentation）を通して、試験は既成の文化と秩序を正統化する。合格者は、自分の実力を生まれつきの本性だと錯覚する。社会的に形成された不平等は試験によって、実力による不平等として公認・正当化されていく。実力主義イデオロギーの表れである。

試験は、「聖と俗」を分かつ**儀礼の上演**（représentation）の機能を果たす。儀礼には、ある恣意的な境界線を**聖別**＝社会的に認知・承認し、正統化する傾向がある。現実についての表象に働きかけることで、現実そのものに作用を及ぼす。任命が発揮する象徴的な効力は、聖別された人物を現実に変身させる、現実的な効力でもある。フランスのエリート校グランゼコルの新規入学者は、「聖なる共同存在」として以前の彼ではなくなり、「俗」から引き離されることで浄化・神聖化される。

教育システムは、労働市場の需要がある限り、「熟練を生み出す」という技術的機能のイデオロギーの背後に、階級差を正統化する社会的機能をおおい隠す。こうして学校は、民主主義イデオロギーの浸透した社会では唯一説得的な形で、既成の秩序・序列の再生産に寄与することになる。

聖なる存在
　ブルデューはこの表現を、デュルケームの『宗教生活の原初形態』における「消極的礼拝」、「聖なる存在の分離」の記述から借りている。

(5)　象徴闘争――アイデンティティをめぐる主観的闘争

　ブルデューは、アルジェリアとフランスの伝統社会の、結婚による家族の再生産戦略を研究した。家族の社会的地位を維持・上昇させる結婚戦略である。

　宗教・芸術・科学などと同様、固有名詞も、社会的に共有される象徴システムである。だが、それを活用して自分の利害を充たすような、闘争の界がある。「誰々」「誰々の息子」という固有名詞を手に入れ、系譜上の地位を獲得することは、その集団の世襲財産への特権の獲得にもなる（例・二世議員、俳優）。

象徴闘争＝象徴システムを操作して自己をよりよく名指し、実際の社会的地位を上げる闘争。分類・評価のカテゴリーを味方につける闘争である。象徴システムは構造化されているが、固定的ではない。一般的で抽象的だから、その形式の中に入り込む具体的な内容は、むしろ多様性を許容する。そこに闘争の余地も生じる。

　「社会」は単一の全体ではない。人は社会的世界を知覚する際、自分が獲得してきた関心に従って分類や評価を行う（例・趣味）。そのため他者との関係の中では意図せずして、関心の正統性をめぐる闘争が生じる。

　象徴闘争は二つの形をとる。①客観的側面。ある集団を名指すことで、その集団を客観的に存在させる面。階級・性・世代・地域・国民などの集団は、**認知と承認**を通して他と区別される中でアイデンティティをもつ、「知覚された存在」である。

象徴権力＝言葉によって「もの」を作る力。「もの」がすでに存在している場合には、それを聖別し、顕示する力である。（例・「沖縄」キャンペーン）

②主観的側面。主観的な評価を操作する闘争。例えば世代間対立では、「若さ」を自由の特権にしたり、逆に未熟さのもとに退けたり、また「年上」に責任を押しつけたり、逆に経験の豊富さを主張したり、「老い」のもとに引退を迫ったりする。

(6) 象徴資本——なぜ資格志向に走るのか？

年齢や性別、身体的特性、職業、居住地・出身地、経済資本、文化資本（学歴・教養・趣味）などは、諸個人の物質的・客観的な諸特性であると同時に、社会関係の中で知覚されるやいなや、肩書や身分として流通する、**象徴資本**でもある。象徴資本とは、様々な資本が特に認知・承認を与えられたものである。

行為者は象徴闘争の中に、過去の闘争で獲得した象徴資本を投入し、その増大を図る。国家資格や学校的称号など、制度的に保証された象徴資本は強力であり、資本を多く保持する者は、自分に有利な価値体系を他人に押しつけることができる。

階級分け・等級づけ・分類の闘争は、階級闘争の根本次元をなす。異なる階級・集団は、自分の利害に合う社会的世界の定義・分類をめぐる象徴闘争に従事する。

三　リフレクシヴ・ソシオロジー——客観化する主体を客観化する

(1)『ホモ・アカデミクス』——社会学の社会学

ブルデューは素朴な実証主義を批判する。経験的研究には常に、暗黙の理論的な前提がひそむ。社会学者は対象社会の一員でもあるから、日常的な先入観を断ち切ることと、研究者自身の暗黙の理論的態度を意識化・客観化する作業が必要となる。だが彼の「客観化の客観化」は、単に認識論的なレベルにとどまらない。『ホモ・アカデミクス』では大学世界を社会学の対象にして、客観化の客観化を社会学的にも行う。自らの社会学の手法を、自らの社会学の界に適用する、社会学の社会学である。

これまで様々な対象を研究してきた学者が、最も対象にしてこなかったのが、学者の世界である。彼らは「客観性」の表象のもとに、公認された研究の権利を独占することで、つまり対象化を職業とすることで、対象化を免れている。先入観の切断自体が「お約束」となり、学者自身の先入観を問えなくなっている。社会学の社会学は、社会学的プラティックをコントロールする有効な手段になる。科学的威信のように、客観化されざるものこそ客観化する必要がある。

大学世界は、真理を賭け金とする象徴闘争の界である。学部、研究分野、理系／文系、理論／実証、ベテラン／新米などの諸特性で分割される大学内集団は、時に対立し合う既得権益をもつ。自分の利益に見合った科学的分類の基準を前面に押し出すとき、彼らは自分のもつ特性、ひいては自分自身の正統性を承認させようとする。大学市場に固有の価格形成の法則を組み立て、利益の可能性をより増大させる。このような独自の論理をもつ闘争において、正統性を獲得した科学的構成による基準が、分割とヒエラルキー化の原理として機能しうる。

ブルデューにおいて真理は、分類闘争において承認された表象である。社会科学も他の界と同様、闘争を免れていない。その闘争を対象化するには、研究者の分類を自覚的に研究するしかないと言う。さらに彼は、真理の内在的な力などなく、真理への信仰の力があるだけだ、とも言う。「科学的真理」として社会的に承認された表象が力をもち、それをもつ人々に正統性が付与される。

しかしここまで言うと、自分の社会科学の営み自体を否定することにならないか？　いや、むしろ反対で、この問題の唯一の解決策は、科学的生産の条件の限界について、より厳密な科学的知識を得ることだという。科学的実践の現場を知ることは、科学の可能性を否定することではなく、逆に自覚と警戒によって、現実を科学的に知る能力を強化する。

「科学もカテゴリーを操作する政治的な行為である」というブルデューの視点は、「知と権力の結びつき」を考察したフーコーと共通性がある。両者は、合理性を発生論的・構築主義的にとらえ、「知」を歴史的に理解した点で通じる。だが二人の決定的な相違は、ブルデューが「界」の概念を導入して、歴史的に生成・自律してきた科学界に特有の機能・利害・闘争を探った点だ。科学の成り立つ歴史的条件を、具体的に探った。観察者は考えているときでさえ、依然ゲームに参加している。

社会学の社会学の意義は、他人を攻撃して喜んだり、自分を責めてコンプレックスを強めたりすることではない。科学生産の界に特有の論理を明示化し、合理的思考の社会的条件を整備することである。ブルデューは理性を歴史的にとらえたが、特定の社会的条件のもとでは理性は歴史をのがれうる、とも考えた。

(2)　理性の現実政治――『リフレクシヴ・ソシオロジーへの招待』

日本ではこれまで、ブルデューの仕事は『再生産』の教育、『ディスタンクシオン』の趣味・文化、『実践感覚』の人類学的研究などが断片的に受容されたのが主で、全体像の体系的な理解はまだ不充分だ。これ以外にも、大学・芸術・国家・政治・経済・住居・スポーツ・言語・法律など、広範囲に及ぶ彼の研究は、界・ハビトゥスなどの関係概念を通して、すべてがつながる。『リフレクシヴ・ソシオロジーへの招待』でヴァカンは、ブルデュー社会学の全体像を、対話から明快に引き出した。

近年の社会学でよく語られる**リフレクシヴィティ＝再帰性・反省性**の作法は結局、研究者個人の内省の美徳にとどまる場合が多い。ブルデュー版の反省性はあくまで、社会科学が成立するための具体的な可能性条件を問うものである。

社会学の見方を曇らせる遮蔽幕は何か。①研究者個人が社会全体の中に占める位置、階級・性・エスニシティなどのバイアスがあるが、それだけでは不充分で、②アカデミズムの界内部、さらには権力界の中での位置も影響する。さらに彼が問うのは、③研究者の知性中心主義のバイアスで、これが人々の日常的な実践的論理を、理論的論理に還元してしまう。これらのバイアスは、研究上の諸概念や問題の立て方、分析道具などに刻み込まれた、集合的な科学的無意識であり、これ自体を社会学的な分析と監視にかけることで、認識の基盤がより確保されるという。

ブルデューは、執拗なほど社会科学の立場にこだわった。そのため、政治に対して時に注意深く距離をとった態度が、知識人やメディアの無理解や冷遇を招くことも多かった。だが彼は、政治に無関心だったわけではない。

むしろ彼は、社会学自体が象徴権力の網の目に巻き込まれた、政治的な科学であることを見抜いていた。といって科学が、外的な政治に還元され、従属していいいわけはない。彼は科学的自律性を守り、政治的・経済的な権力から独立することで、学者の立場に固有の政治を展開しようとした。それは、現実への認識のビジョンを変えることで、既成秩序の転換を図るという、理性の現実政治であった。

(3)　『科学の科学』

本書は七〇歳で定年を迎えたブルデューの最終講義録である。本書ではまず、マートン、クーン、ラトゥールらの科学社会学を検証し、調和的な科学共同体・目的論・主意主義・虚構暴露・記号論などの基本視点を痛烈に批判する。これに対してブルデューは、界・資本・ハビトゥスという一連の概念を、科学の世界にも適用してゆく。科学界も、生々しい力関係からなる社会的な闘争の場である。だがそのことは暗黙知のままで、当事者も必ずしも自覚していない。意識的計算や目的論とはちがう次元で、ハビトゥスレベルの実践感覚と闘争が展開している。

科学資本は研究の成果・能力に関して、界の同業者・競争者による認知・承認の産物である。研究者は、「何が現実か」をめぐる闘争を通して、結ばれてもいる。だが科学界の力関係の構造は、純粋な科学資本だけで完結せず、大学の管理運営、外部資金の獲得、国際シンポの開催など、世俗的・社会的な資本と対をなす。

ブルデューは、こうした科学界の構造と闘争に、むしろ積極的な可能性と役割を見出す。研究者個人が発見した事実は、他の研究者とのコミュニケーションの中で認知されて初めて、科学的事実になる。つまり客観性とは、科学界の間主観的な産物である。そこにも力関係と利害闘争は働くが、現実・真理を争うため、利害と理性、力と真理の対立が、他の界と比べるとまだ弱くなる界なのだという。

こうした知見の根底には、普遍的真理と歴史の関係への問いがある。ブルデューは本書で、論理絶対主義と歴史相対主義、実在論と懐疑論、哲学と社会科学などの二項対立を超え、理性を救おうとした。

界の健全な運行に必要とされたのが反省性である。研究者の歴史的諸前提、無意識的な決定要因を自覚的に認識することが、社会科学では特に重要だという。社会科学は経済・政治・出版などの外圧による他律性にたえずさらされる。扱う対象が生々しく重要な場合、利害関係者が真理の正当性を認めない事態も生じる。自己への反省性を高めて自律性を強化し、相対主義的・懐疑的な包囲網と対決せよという。

最後にブルデューは、ナルシスティックなものでなく社会科学を改良するための反省性を、自分の知的遍歴にも向けた。哲学から出発し、独立戦争下のアルジェリアで民族学的フィールドワークを経た彼は、帰国後に社会学を再建していく。専門化の拒絶と方法論的多元主義を実践し、アメリカ社会学のモデル化と闘い、デュルケームとウェーバーを活性化した。学生時代の寄宿舎と教室の世界の断絶や、地方の出自とエリートへの選任が彼の分裂ハビトゥスを形成した話は面白い。この部分はさらに、絶筆となった『自己分析』でより詳しく展開された。

第八章

ハイ・モダニティと再帰性の時代
――アンソニー・ギデンズ

一　ハイ・モダニティ

(1)　アンソニー・ギデンズ（Anthony Giddens, 1938-）
イギリスの社会学者。London School of Economics（LSE）で修士。修士論文は「現代英国におけるスポーツと社会」。サッカー好きの本人にとって、「遊び半分のテーマ」だった。公務員になるつもりが、たまたまレスター大学の社会学教員になる。そこで『文明化の過程』のノルベルト・エリアスなど、すぐれた研究者と出会って影響を受ける。以後、本気で社会学の研究を全面展開、三つのライフワークを見つける。①社会学の古典研究、②一般的な社会理論と方法論の再構築、③モダニティの諸制度の分析。今日、現代社会学の主導者の一人。テキスト『社会学』

二元論から二重性へ
「主観か客観か」「観念か経験か」「イメージか現実か」などの二者択一的な思考は、哲学や社会学の歴史で繰り返されてきたが、「卵が先か、鶏が先か」的だ。二元論の発想は物事をわかりやすくするが、複雑な現実を単純化・固定化しがちだ。ギデンズは、二元論（dualism）を二重性（duality）

はベストセラー。「第三の道」を唱えたブレア英首相にも大きな影響を与えた。

(2)　構造化理論——二項対立図式の乗りこえ

古典理論研究を経て、彼は独自の**構造化**理論を練り上げた。個人／社会、（相互）行為／構造、ミクロ／マクロ、構造／変動、意識／無意識、主観／客観、主体性／決定論など、社会学の一連の二項対立図式の乗り越えを図った。

ウェーバーや現象学、エスノメソドロジー、ゴフマンらは、人間の意味づけによって主観的に構成される世界を重視する**主観主義**。一方デュルケーム、パーソンズのシステム論・機能主義、レヴィ＝ストロースらの構造主義などは、マクロな制度・秩序・権力を重視する**客観主義**。どちらも偏りがある。ギデンズは両者を綜合した。

構造の二重性。構造は主体の行為を可能にし、規制するが、その行為によって構造も変容する。行為者は社会についての知識をもって行動するので、社会を再生産・変容させる。社会の**再帰性**（reflexivity）である。

彼は社会理論において、「主観主義に陥らずに主体性を回復すること」を図った。

ヘシフトさせた。「あれかこれか」でなく「あれもこれも」の考え方だ。これは、私が沖縄の「イメージと現実の関係」を問う際にもヒントとなった。

実践的意識

ギデンズは、実践的意識が重要な役割を果たすという。実践的意識とは、行為の際に巧みに用いられるが、言葉では言い表せない暗黙知。例・自転車の乗り方。言説的意識や無意識とは区別される。意識的・自覚的ではない身体知という点で、ブルデューのハビトゥスと重なる。

(3) 『近代とはいかなる時代か?――モダニティの帰結』

九十年代に入り，彼は③**モダニティ**論を精力的に展開していく。流行のリオタールらの**ポストモダン**の議論を批判する意図もあった。今日，モダニティは終わったのでなく，むしろ高度化した**ハイ・モダニティ**の時代にあることを示す。

伝統社会と対比される形で，我々は現在，変動を基調とする高度な**近代社会**に生きている。ギデンズはモダニティ＝近代の特質を分析する。①変動の速さ。②変動の拡がり。グローバリゼーション。③近代的制度。資本主義（商品化），国民国家（nation states），近代都市，メディア，情報管理など。

モダニティの変動，ダイナミズムはどこから来るのか。①時間と空間の分離。社会関係はローカルな場所を超え，地球全体にまで及ぶ無限の時間・空間に広がった。

(4) 脱埋め込みメカニズム――システムへの信頼とリスク

これに伴い，②**脱埋め込みメカニズム**が発達してきた。これは⑴貨幣に代表される象徴的通標（symbolic tokens）と，⑵**専門家システム**からなる。⑴貨幣は，あらゆる場面で「流通」する，相互交換の媒体である。時空間が拡大しても社会関係を成り立たせる，コミュニケーションの手段となる。

⑵専門家システムとは，我々の日常生活の環境を形づくる，科学技術や専門家知

脱埋め込み

伝統社会の社会関係は，ローカルな場所の中に埋め込まれていた（embedded）。モダニティの脱埋め込みメカニ

ズム（disembedding mechanisms）は、社会関係・コミュニケーションの時間・空間を拡張させる。だが近代やグローバル化において、ローカリティは一様に衰退するばかりでもない。ローカルな場所がより自覚的に、特有の意味を付与・活性化され、アイデンティティの立脚点になっていく面もある。これは「再埋め込み」（re-embedding）の側面だ。

識の体系である。様々な専門家の知識は、生活の中に無数に入り込む。例・水道・電気・食品・インターネット・自動車・飛行機。専門家システムは、直接的な相互作用から切り離された脱埋め込みメカニズムであり、時空間の拡大を促進する。

貨幣や専門家システムに対しては、人々の暗黙の**信頼**がある。近代の脱埋め込みメカニズムは、この信頼に依拠している。人に対してでなく、抽象的な能力やシステムに対する信頼である（→マクドナルド化）。ただしこの信頼は、予測しない事故の**リスク**と背中合わせでもある。誰もリスクを免れない。例・原発。

(5)　再帰性・反省性（reflexivity）

モダニティの変動の源泉は、③**再帰性・反省性**（reflexivity）の増大にもある。日常の活動は、伝統社会では制度的慣習の反復によって支えられたのに対して、近代のより複雑な変動社会では、再帰性・反省性の役割が肥大化する。すなわち、常に新たな状況が生じる中で、行為者はそのつど情報・知識・思考を働かせ、再帰的に行動することを余儀なくされていく。

この再帰性のはたらきは、マクロな構造を変容させる一因にもなり、変動を基調とする近代社会の編成原理の一つである。伝統社会→近代社会の移行とともに、伝統は再帰性に代わられる。伝統社会では、人は伝統に従って生きればよかった。今日我々は、どう生きるかを自分で決めねばならない。

(6) 創り直される「伝統」

とはいえ、伝統は完全に役割を終えはしない。モダニティは伝統を解消しながら、伝統を作り直してもきた。国家は自らの「伝統」を語り、権力を正統化してきた。伝統はアイデンティティの媒体となる。アイデンティティとは、時間を超えた恒常性の創出である。過去を未来へと結びつけていくこと。伝統文化の展示や上演は、集合的記憶を確立・活性化し、アイデンティティの確認・強化・更新につながる。

伝統
歴史学者ホブズボウムは、近代社会において「伝統とは創り出されるものである」と言う（『創られた伝統』）。近代社会では、「伝統」は全く新しい文脈の中で構築され直す。昔からあったとされる「伝統」には、近年創られたものも多い。

二 自己アイデンティティと親密性

(1) 『モダニティと自己アイデンティティ』――自己の再帰的プロジェクト

これまでマクロな議論が多かったギデンズは、本書で一転、自己のミクロな問題に取り組む。モダニティにおける変動のダイナミズム、グローバル化、脱伝統化、再帰性の高まりの中で、個人の自己アイデンティティの問題も重要度を増す。

諸制度と個人はどう関わり合うのか。かつて伝統の反復が与えた存在論的安心は、今日いかに確保されうるのか。生の意味づけは常に再帰的に、問題とされる。

グローバル化と自己
「モダニティの顕著な性格の一つは、外向性と内向性、すなわち一方でのグローバル化する力と、他方での個人的性向と

いう二つの「極」のあいだの相互結合が強くなっていくことにある。」（一頁）

専門家知識

専門家たちの間でも、見解の不一致は多々見られ、学派に分かれて知識の正統性をめぐるヘゲモニー争いが行われてもいる。心理学のセラピーや医療技術もその例だ。我々はその複数の知識の中から選ぶ。専門家システムへの信頼は絶対的でなく、常に懐疑と背中合わせだ。

モダニティにおいて自己アイデンティティは、再帰的に組織されるプロジェクトとなる。このプロジェクトは、一貫性を保ちつつ、修正も加えていく生活歴の物語を維持することである。

伝統が拘束力を失うにつれて、諸個人は複雑で多様な選択肢の中から、ライフスタイルの選択を迫られる（→ルーマン）。何を選択すべきかについて、モダニティは手助けをしてくれない。伝統社会では、文化は上の世代から「伝達」されるのに対し、ハイ・モダニティでは、ライフスタイルは複数の選択肢から「採用」される。人々は専門家知識のフィルターを通しながらライフスタイルを選択し、ライフプランニングを再帰的に行って、自己アイデンティティを構造化していく。

雑誌や広告などの情報メディアの環境も、専門家知識の一部をなす。選択のオプションやモデルを多数提供する。メディアによる**媒介された経験**の浸透は、選択の複数性を著しく増大させている。

何を着るか、何を食べるか、職場や学校でどうふるまうか、今晩誰に会うか、などの小さな選択は、生活上のルーティンを形成していく。これらの選択はすべて、「自分がどう行動するか」の決定だけでなく、「自分が誰であるか」の決定でもある。

全体的なライフスタイルは、持続的な存在論的安心の基盤となる。また、自分の道を確保する**未来のコロニー化**は、自己アイデンティティの確定の一戦略となる。

(2)　『親密性の変容』——セクシュアリティと自己アイデンティティ

ギデンズは本書で、モダニティにおける性・愛・ジェンダー・**親密性**の問題を扱う。性の問題は不変でなく、社会の変動とともに変化する。現代、親密性の新しい形が生まれている。避妊方法や人工生殖技術の普及の結果、**セクシュアリティ**（性愛に関わる心理・魅力・衝動）は生殖から分化・解放され、自由に塑型できるものとなった＝性・身体への再帰性の高まり。

この結果親密な関係は、**純粋な関係性**へと化した。つまり、二人の目的が（外的な目的でなく）その関係の維持そのものに純化されているような関係だ。女性の自律化は、自由で平等な新しい親密な関係を促している。感情の民主化。男性は、こうした親密関係にふさわしいパーソナリティの形成という課題に直面している。

セクシュアリティは、可変性をもつ自己の一面として、自己アイデンティティのあり方と緊密に結びついている。また「女らしさ／男らしさ」など、身体・自己と社会規範との接合点でもある。

(3)　近代の産物としてのロマンティック・ラブ

愛の歴史へ。前近代ヨーロッパの結婚は、ほとんど経済的事情から行われた。恋愛や性的誘引からではない。つまり、恋愛・セックス・結婚の三者は一体ではなかった。婚外交渉は男性や貴族の女性に限られた。性の自由は権力の表出でもあった。

十八世紀後半以降、ロマンティック・ラブの観念が高まり、個々人の生に物語性（ロマンス）を与えた。この個人化された物語は自己と相手を組み込み、より広い社会から隔絶した。ロマンティック・ラブは純愛である。性的衝動を抑制し、相手を「特別な存在」として際立たせる。これが恋愛結婚として、近代の結婚制度に結びつく。恋愛・結婚・セックスが一体化していく。

この結果、女性に様々な影響が生じる。愛は結婚や母性と結びつけられ、女性は家庭に押し込められた。近代家族は性別役割分業によって、女性に家事労働を割り当てた。これは確かに女性差別を生んだが、女性を保護する機能も果たした。対の関係の自律化、夫婦関係を最重視する「共有の歴史」の創出。子どもも家族の中で、母親との情緒的な関係の中で養育され、子どもがおかれた苛酷な条件が改善された。

十九世紀、夫は依然絶対的な権力を握っていたが、親子間の情緒的温もりが次第に強調され、夫の権力は緩和されていく。家父長制的権威から母性的情愛へ。

ロマンティック・ラブの普及は、個人生活や結婚生活の転換と密接に関連していた。それは、自己への問いかけを想定させる。「自分は相手を／相手は自分を、ど

純粋な関係性
　性的純潔さとは無関係である。関係を結ぶためだけに関係を結び、そこから満足感を得るような状況だ。外部の目的や基準に準拠しない、内部準拠、自己準拠的な愛の形である。

親密性の病理形態
　こうした親密性の変容は、病理形態として、嗜癖、共依存、男性の反動としての暴力、不安定さがもたらす親密性の低下など、困難な諸問題をはらんでもいる。

う思うか？」」また、気持ちの通じ合いや、欠落の充足感を想定させる。親密な関係性や自己アイデンティティの問題を提起していた。

(4)　純粋な関係性——感情領域の民主化

だが、近代初期に発達したロマンティック・ラブの理想は、今日ゆらいだ。愛やセックスはもはや、必ずしも結婚と結びつかない。多くの女の子は、自分が仕事に就くことを想定し、結婚は先延ばしになる。かつて愛情とセクシュアリティは、結婚で結びついたが、今日両者をつなぐものは**純粋な関係性**だとギデンズは言う。

　純粋な関係における愛は、能動的で偶発的である。ロマンティック・ラブの永遠で唯一無二な特質とは対照的だ。愛は成立しては壊れ、また新たに成立する、不安定なものとなる。「特別な人」よりも「特別な関係性」が重要になる。

　だがロマンティック・ラブの夢は、女性にとって多くの場合、家庭生活への隷属をもたらしてもいた。純粋な関係における愛は、対等な条件のもとでの感情のやりとりを想定している。互いの心、関心や要求の開き合いが重要度を増す。関係性に対する再帰性の高まり。再帰的なプロジェクトとしての、親密な関係性。

　こうした新しい親密性は、感情領域の民主化、個人生活の民主化でもある。それは単に個人的・私的な問題ではない。個人生活の民主化なくして、社会の民主化はありえない。社会生活の情緒的再組織化は、**生きることの政治**（life-politics）の重要課題である、とギデンズは言う。

第九章

文化のなかの政治と権力
――カルチュラル・スタディーズ

一　なぜ、いかに形成されてきたか

(1)　カルチュラル・スタディーズとは何か

カルチュラル・スタディーズ（以下ＣＳ）は近年、イギリス・アメリカ・中南米・オーストラリア・インド・香港・台湾・韓国・日本など、世界的に流行中の知の潮流である。テレビ・映画・雑誌・インターネット・音楽・ダンス・ゲーム・スポーツ・ファッション等、ふだん私たちが経験している文化、特にポピュラー文化に焦点を当てる。これらの文化は集合的に消費される。その中で、人々の日常意識とアイデンティティがいかに成り立つのかをＣＳは問う。

(2)　文化の複数性とアイデンティティ・ポリティックス

またCSは、ジェンダーや人種・エスニシティ、階級などの社会・文化的な境界線の問題も扱う。文化は、均質的で調和的な統一体ではなく、内部では様々な立場の人の視点や利害、戦略が重なり、矛盾や亀裂、妥協をはらむ。支配的な立場にいる上流階層・男性・多数民族からすれば、文化は統一的なものに見えるが、下層階級・女性・少数民族は不安定な位置にあり、文化を複数的なものと見る傾向がある。とはいえCSは、「支配—被支配」「抑圧—抵抗」のような単純な対立図式から出発しない。実際の文化はもっと複雑だ。同性愛や混血性など、二項対立図式を超える現象。ジェンダーやエスニシティの差異そのものを記号化する消費文化…。CSは、何気ない日常の中に文化の複雑な様相を読みとり、そこに権力や政治性、アイデンティティなどの問題をあぶり出す営みである。

(3)　脱領域的な知——既存の学問制度の根本的な問いなおし

CSは、社会学・政治学・マスコミ研究・文学・歴史学・美術史・思想史・地理学・人類学など、幅広い領域を横断する。従来の知の枠組みを、内側から食い破る。大学アカデミズムでは、各分野で「正統性」を与えられたテーマや方法があり、そうでないものは評価が低い。例えば、著名な文学作品や思想家は「正典化」され、テーマとして制度化されている。だが、文学専攻でマンガ、歴史専攻で大河ドラマは扱えない。「他へ行きなさい」「これは〜学じゃない」などと言われる。

ポピュラー文化は私たちの身近にありながら、オカタイ大学の知からは排除されるか、周縁領域に置かれ、日本ではかろうじて社会学の領域とされた。CSは、文化をジャンルに囲い込む硬直的な知の枠組みを飛び越える、新しい実践であった。

(4) CSの源流——アメリカ文化批判とイギリスらしさへのノスタルジア

CSの源流はイギリスにある。十九世紀半ば、アーノルド『文化と無秩序』は、文化概念の確立に貢献した。産業革命で無秩序化した労働者階級を、「文化＝教養」によって救い、イギリスらしさへ囲い込むブルジョア志向を理論的に表現した。

彼が批判したのは、大量生産とその典型・アメリカだった。伝統をもたない物質主義の土壌として、「文化＝教養」の対極に置いた。しかし彼の戦略は、二十世紀には完全に挫折する。第一次大戦後、大衆文化が本格的に開花し、口紅や香水、ハリウッド映画、広告、ラジオ、新聞、自動車、デパートなどが生活に浸透していく。

これに伴い、従来の階級やジェンダー、人種をめぐる規範がゆらぎ始めた。ミニスカートなど、性意識の変容。黒人音楽による表現的なアイデンティティの高まり。保守的な文学者リーヴィスらスクルーティニー派も、「工業化されたアメリカ的な低俗の大衆文化」を批判した。アーノルドやスクルーティニー派は、保守的エリート主義の立場を抜け出せなかったが、ＣＳの出発点にもなった。①批評をポピュラー文化に拡張。②文化の内容とコミュニティ・メディア・言語・歴史の関係を問う。③批評を学校教育に結びつけた→ＣＳとメディア・リテラシー教育のセット化。

戦後、ホガート『読み書き能力の効用』も、労働者文化の変容を指摘した。アメリカ映画の流行。アメリカ流の進歩主義の受容。「平凡さで満足するテクニック」の発達。だが、全面的にアメリカ化されもしない。労働者階級の中で、古き良きイギリスの階級文化と、アメリカ流の文化消費を受け入れる若者文化の、二つの態度のせめぎあいがあることを指摘した。ホガートも、失われた英国文化へのノスタルジアと、アメリカ的な大衆文化の蔑視は、先人たちと共通していた。

(5)　成人教育とＣＳ――サブカルチャーへのまなざしの形成

六四年、ホガートを初代所長として設立されたバーミンガム大学現代文化研究センター（ＣＣＣＳ）は、道徳的価値判断を捨て、大衆文化をより内在的に扱う拠点となる。これがＣＳの本格的開始だ。イギリスでは第二次大戦前から、労働者階級の成人教育運動が行われていた。戦後、大学の公開講座などに発展する。ＣＳは、成人教育に従事する中で、文化分析の視座を形成した。通常大学では会えないような、様々なサブカルチャーに属する人々と接触していく。

(6) レイモンド・ウィリアムズ（Raymond Williams, 1921-1988）

ＣＳの理論的な先駆者。労働者階級出身。彼にとって文化の研究は、単に芸術や文化生産物の分析だけでなく、特定の生活様式、制度や日常の態度の中にある、意味と価値の体系の考察だった。文化とは、「物質的・知的・精神的な生活の全体的なあり方」であり、ある時代の「感情の構造」である。文学・道徳的な文化から、人類学的な文化へ、視点をシフトさせた。

伝統的なマルクス主義と対決し、単純な経済決定論を疑った。被抑圧的な立場の人々にも、生き生きした文化がある。文化は静的でなく、動態的なプロセスである。文化はもはや単なる文化でなく、政治・経済・社会・歴史・テクノロジーといった様々な領域が交錯する、重要なカテゴリーとして理解されるようになる。

(7) スチュアート・ホール（Stuart Hall, 1932-）

ジャマイカ生まれ。裕福な家庭に育ち、英国流の教育を受け、オックスフォードに留学、移民を経験した。五一年当時のイギリスでは黒人学生、特にその英文学専攻は珍しかった。そこで自分の肌が「黒い」ことを知り、社会的反応を意識する。やがてマルクス主義と出会い、政治活動に傾倒していく。

ホールはポピュラー文化・メディア等を研究する。六六年CCCSに入り、六九年にはセンター長に就任、CSの主導者となる。ホガートの時代、労働者階級の生活文化が中心テーマだったCCCSは、ホールによってメディアとイデオロギー、若者文化やサブカルチャー、人種・ジェンダーが主要テーマに加えられていった。

七〇年代以降、CSは国際的に隆盛し、CCCSは学部に昇格、大学内で制度的な基盤を獲得する。しかし同時に、徐々に熱気が失われる。ホールも七九年、オープン・ユニバーシティへと拠点を移す。働きながら学ぶ人の大学。BBCのテレビ講座とチュートリアル、集中講義。ポピュラーカルチャー課程は人気を博す。

(8)　メディア研究――コード化／脱コード化

ホールはメディア研究の中で、「コード化／脱コード化」理論を展開した。**コード化**（encoding）とは、メッセージの送り手が意味を加工し、「生産―流通―消費」のプロセスに組み込むことである。例・ニュース。事件は、編集によって意味を与えられる。

コード化のプロセスには①知識の枠組み、②生産関係、③技術的なインフラ、といった条件が必要である。だがメディアの内容は、生産者によって一方的に消費者に押しつけられるわけでもない。消費者が受け取ったメッセージを、各自の文脈に置き直し、解読する**脱コード化**（decoding）のプロセスがある。単なる受動的な消費でなく、能動的な消費の生産であり、受け手の多様な意味づけ・解釈がせめぎ合っている。

CSは受け手の能動性、読みの多様性を重視する。この視点にもとづき八〇年代、オーディエンス研究が活発化した。モーレー『ネーションワイド・オーディエンス』（一九八〇）はテレビ番組の内容分析である。番組のつなぎと枠づけに着目し、オーディエンスを引きつけ、優先的な読みへ誘導するコード化の作法を抽出した。さらに、様々な属性の視聴者が、いかなる多様な読み＝脱コード化を行うかを実験した。

二　階級・ジェンダー・人種

(1)　サブカルチャー研究――文化を通しての闘争

CCCSは七〇年代後半、若者**サブカルチャー**研究を進める。背景には、イギリスの不況の深刻化と政治の保守化があった。産業構造の変化↓失業者の増加・都市

サブカルチャー
日本と欧米では、この言葉の用法が異なる。日本の「サブカル」は、マンガ・アニメ・ゲーム・ポップ音楽・現代小説・映画・雑誌など、娯楽性の高いメディア・消費文化。純文学やクラシック音楽などの「ハイカルチャー」との対比。
一方、欧米のサブカルチャーは、「下位集団」の文化。ストリートチルドレン・不良・浮浪者・ギャング・ロックミュージシャン・ゲイなど、一般社会と異なるアウトサイダーたち。「メインカルチャー」との対比。

のスラム化。サッチャー政権の保守政策も、この方向を促した。対してCSは、モッズやパンクなどの若者サブカルチャーに、文化的抵抗の可能性を見出した。

ウィリス『ハマータウンの野郎ども』（一九七七）は、職業訓練校に通う労働者階級の「落ちこぼれ」男子生徒たちの状況をフィールドワークし、中流階級的な学校の価値観を拒絶して反学校文化を作り、肉体労働に重きをおく労働者階級になっていくプロセスを記録した。

ヘブディジ『サブカルチャー』（一九七九）は、若者の服装・髪型・身ぶりを「象徴的闘争」として解読した。労働者階級の若者がスーツを着るのは、ホワイトカラーのシンボルを転倒させる行為であった。パンクがかぎ十字を身につけるのはナチへの共感でなく、暴力・否定性という記号的意味を流用し、社会に否定的な自己を提示するためだった。

しかしCCCSの研究者たちは、労働者階級に闘争の主体として過剰な思い入れを抱いた。八〇年代以降、これでは現実を充分に説明できなくなる。消費主義志向が強まり、メイン／サブの対立図式も有効性を失う。サブカルチャー内部の多層性を解き明かす方向へ。年齢・ジェンダー・セクシュアリティ・民族・人種・階級など、様々な属性のサブカルチャーにも関心が注がれていった。

(2) ジェンダー研究――男性中心の視点への異議

七〇年代、ＣＣＣＳの研究は男性中心的・生産主義的・階級偏向的だとして、フェミニズムから徹底的な批判を受ける。しばしば女性蔑視の身ぶりを伴う「男らしい」労働者や若者の文化を無批判に称揚し、女性文化の抑圧を見落とした。女たちは、男たちとは異なる社会空間を通じて、文化を経験する。男の抵抗が、女には抑圧になりうる。階級・ジェンダー・人種は重層的に関係し合い、どれかを優先的には考えられない。ウィリスの分析で、野郎どもは女性をセックスの対象と同時に、家庭的なやすらぎの源と見ていた。階級的アイデンティティに関わるこの二重の女性像の矛盾を、ウィリスは充分に掘り下げていない、とマクロビーは批判し、若い女性のサブカルチャーを調査から明らかにした。

(3) 人種主義――白人優位の視点への異議

ギルロイは、ＣＳが人種の問題を軽視する上に、白人文化をしばしば称揚し、エスニックな移民文化を排除してきたことを批判する。レイシズム＝人種主義の表れをそこに見た。

カービーは、西洋フェミニズムにひそむ人種主義を見る。家父長制も、白人女性と黒人女性では異なる。家庭に縛られる白人ブルジョア女性と、労働を余儀なくされる都市部の黒人女性。後者にとって家庭は、人種差別から逃れる場所でもある。六〇〜七〇年代の黒人の政治運動。都市での大音量のレゲエとダンスのパーティは、黒人若者の政治の場だった。ストリートの「文化」は、公的な政治の領域から排除された人々が自分の経験を表現できる、数少ない場になる。メディアは「暴動」ととらえたが、人種主義的な社会構造への抵抗を、ギルロイらは見た。

ギルロイは『ブラック・アトランティック』（一九九三）で、黒人の**移民性・移動性**を指摘した。トランス・ナショナルな文化。**ディアスポラ**（離散）・アイデンティティ。ホームから遠く離れ、roots 根っこから routes 道へ。移動を媒介したアイデンティティだ。

だが、“Black is beautiful” に代表される対抗的な**アイデンティティ・ポリティックス**は、カテゴリー内の他者、女性や混血者などに閉鎖的になりがちだ。ホールは人種から**ニュー・エスニシティズ**へ戦略的に移行した。アイデンティティからアイデンティフィケーションへ、存在からプロセスへ、「あるもの」から「なるもの」へ。

(4)　エドワード・サイード『オリエンタリズム』とポストコロニアリズム

CS、**ポストコロニアル**研究に大きな影響を与えた書。フーコーの「知と権力の結びつき」の視点を応用した。**オリエンタリズム**とは、西洋の側が、よくわからない東洋＝オリエントの異文化世界に対して一方的に作り上げ、押しつけてきたイメージや理解の仕方である。西洋の植民地支配の中でオリエント言説は、知的・観念的な次元で、権力装置として機能した。↓メディア言説の分析へ。

また、大学を中心とする知識の生産に、西洋―非西洋の権力関係が書き込まれていることも示した。↓人類学・地理学・歴史学・文学・哲学などのディシプリンの批判的見直し。文化とは政治的に中立でなく、様々な力関係の抗争の場でもある。

サイードの影響下で八〇年代以降、植民地主義の過去や、現在も続く負の遺産を考える、**ポストコロニアリズム**の潮流が高まり、ホミ・バーバやガヤトリ・スピヴァクらの文芸批評で主流になる。では、近代日本の文脈でポストコロニアルを考えてみると、どういう問題が挙げられるだろうか。沖縄を含め、考えてみてほしい。

第十章

グローバリゼーションの社会学

一 グローバル化とネオ・リベラリズムの時代

(1) グローバル化と移動性・流動性

二一世紀に入り、グローバル化をめぐる問題や矛盾が高まり、ネグリ&ハート『帝国』(二〇〇〇)などを皮切りに、社会学やその周りでも議論や研究が活発化し、多岐にわたる。

ジョン・アーリ『社会を越える社会学』(二〇〇〇)やアルジュン・アパデュライ『さまよえる近代』(一九九六)などの議論が示すように、グローバル化と移動性が高まった今日の状況は、もはや安定した固定的な「社会」「構造」を前提できず、「ネットワーク」「フロー」のイメージで見ていく方向へ、社会学そのものが根本的な枠組みの変容を迫られてきている。国民国家などの境界空間内に画定されたsociety から、越境的な移動性や不定形な流動性・液状化を基調とする mobility への視点のシフトである。

そんな中、八〇年代から長らく語られてきたハイ・モダニティ／ポスト・モダニティの議論があるが、この状況をとらえるには結局、どちらの視点もはずせない。近代は自らを換骨奪胎し、再帰的に主題化しつつ、形を変えながら残り続けてもいく。「脱近代的な近代」「脱国家的な国家」「脱地域的な地域」「脱組織的な組織」「脱家族的な家族」「脱伝統的な伝統」「脱個人的な個人」「脱身体的な身体」…というように、「脱A的なA」という逆説的な言い回しによって、ポスト・モダニティとハイ・モダニティが重層的に織り重なる状況を、言い当てることができる。

そんな中、グローバルな移動の増大とともに、ローカルな場所の意味づけは大きく変わってきた。経済生活や地域文化、アート表現、環境保全などにおいて、場所のアイデンティティは逆説的に、重要度を増していく。グローバル化における移動と場所の結びつきは、今日の社会科学の主要テーマの一つだ。

(2) 新自由主義的グローバリゼーション

経済的グローバリゼーションとは、地球規模での経済的な相互作用・依存の増大・強化である。またネオ・リベラリズム（新自由主義）とは、福祉国家の諸制度を見直し、国家が市場・私企業・個人の自律性や競争に、多くを任せていく流れである。八〇年代英米のサッチャー・レーガン体制、日本の小泉改革はその典型だ。

国家を超えた経済のグローバル化は、自由化・規制緩和・民営化と結びついてきた。新自由主義的グローバリゼーションで主導権を握るのは、先進国の巨大企業。世界上位経済アクター一〇〇のうち四二が企業、五八が国家である（〇七年）。

ネオリベ的発想・手法は、教育や医療をはじめ、広く諸領域に浸透している。

(3)　グリーン・ネオリベラリズム――開発の知と権力

グローバル化・南北格差・開発援助・貧困削減・環境問題・軍事などを見る際、それらをとらえる自明な知識や考え方自体を反省的（reflexive）に問い直す必要がある。経済学をはじめ科学的な知それ自体が、主に先進国の立場から発し、北と南の力関係を書き込まれ、「南」に対し現実的・政治的な効力をもつためである。

社会学者マイケル・ゴールドマンは『緑の帝国』（二〇〇五）で、知識を生産する主体としての世界銀行に着目する。戦後復興・エイズ対応・貧困撲滅などに、国の指導者は世銀の提供する研修制度を利用する。世銀は、資金だけでなく知識も提供する「グローバル知識バンク」となった。

ゴールドマンは世銀の政策転換に、**グリーン・ネオリベラリズム**を指摘する。九〇年代、従来の開発プロジェクトが環境と社会を悪化させたという批判を受容し、ポジティブな社会・環境的要素を取り込みながら、開発を拡大させた。環境保護と開発、エコロジーとネオリベラリズムを結合し、開発・市場の「緑化」を進めた。商品化・市場化されてない自然と社会の関係を再編・資本化し、公共サービスの民営化を促した。

例えば「南」の社会制度に対し、土地・森林・鉱物・水の経済評価のゆがみ、自然資源の利用法の誤り、コスト以下の価格での水の供給、貧困者の無駄遣い、などの解釈がされる。「低開発」下では環境破壊は食い止められない→「持続可能な開発」。途上国の政策転換や民営化の必要を強調する際に、先進国の知と利害が作用している。グリーンは単なるレトリックでなく、途上国に実質的な影響を及ぼす。

グリーン・ネオリベのフレームにより未知を既知に変え、了解可能なものに組みかえる。ラオスの「環境破壊的な」森林住民を移住させ、「生態学的に」「生産的な」米栽培者として定住させる。持続可能な森林伐採→植林→森林保全。「生物多様性」の概念自体が、現地の人には外来のコンセプトである。今日版のオリエンタリズム。現地で環境保全が実施されてない事態を指摘し、都合よく組み換えていく。

二　ライアンの監視社会論

(1)　監視社会

カナダの社会学者デイヴィッド・ライアン（David Lyon, 1948－）は『監視社会』で、現代の監視社会を詳細に分析している。情報社会は、監視社会でもある。近代以前も監視はあったが、小規模で非体系的だった。今日、通信情報テクノロジーの発達により、監視は常態化し、体系的で巧妙に、生活の全局面に組み込まれている。今日の監視の手段はコンピュータ。扱うのは生身の人間でなく、個人から抽出された断片的事実である。

監視は、否定的な面だけではない。我々の日常生活や経済活動の多くは、監視に依存している。流動性・速度・セキュリティ・消費者の自由に価値を置く社会で、効率性・利便性・秩序を求めた結果である。監視国家から監視社会へ。単に国家権力の監視でなく、社会の全域に拡散・一般化した。

監視・見張りには、**配慮**（ケア）と**管理**（コントロール）の二側面がある。誰しも監視の恩恵を受けるため、完全には否定できない。Eメール・携帯電話・カードで便利になった反面、追跡可能なデータも残る。企業活動は大量生産・販売から、個人データに基づく個別化へ。購買・サイト閲覧記録を活用する（例・アマゾン）。

プライバシーを言う時、監視は個人の問題に還元されがちだが、実は社会の秩序編成・強化に寄与してもいる。集団を分類・選別・排除し、それを自動化する。ある人々の選択を誘導し欲望を方向づけ、別の人々を抑制・排除し続ける。

(2) 監視社会の身体、時間‐空間、テクノロジー

監視社会の進行は、身体の消失と深く関わる（電話の声→メールの顔文字）。通信情報テクノロジーの拡大・浸透により、身体を直接見張らずとも、個人の痕跡・履歴を追う。例えば企業が追うのは、我々のショッピング行動（その痕跡）であり、消費への態度や考え方（ハビトゥス）そのものではない。

伝統社会では、人々は同じ場所に生身の身体で共在した。テクノロジーにより、多くの社会関係は共在でなく、媒介的・非身体的・抽象的になる。人間の記憶より、コンピュータにデータで保持される。

監視社会の拡大は、時空間の再編と不可分だ。初期近代、空間は境界づけられた区域、時間は測定可能な持続として合理的に把握された。時計・時間割・官僚的施設（→ウェーバー）。今日、情報・通信・交通の加速化に伴い、時間の短縮は距離を無化した。社会的経験の特徴は**移動性・流動性**（mobility）。移動の範囲が広がり、

見知らぬ人々との関わりが増大する。クレジットカード等、信用の証拠が必要になる。

公（パブリック）と私（プライベート）の変容。かつて「私的」だったものが、「公的」なコンピュータネットワーク内を流通し、境界がぼやけていく。物理空間から電子空間への移行→家の内外でデータは流通する。不安定、不確実、脱領域化。

身体認証（バイオメトリクス）。指紋、網膜、声、顔、体液、遺伝子…。データベースに依拠し、身体は監視の場かつ情報源になる。近代官僚制では、書類やカードなど身元確認の手段は身体の外側→より個人管理。脱身体化と身体監視は一体だ。

身体監視は行政・治安活動だけでなく、保健衛生・職場・消費の領域にも及ぶ。発見と治療から、予測と予防へ。未来のリスク管理。完全な知識への強迫。例・職場の健康診断。保険会社の権力も上昇する。また、犯罪・テロも先取り・予防へ。全市民がリスク要因とされ、犯罪発生率はリスク計算の問題になる。

ライアンは非身体的な監視によるコントロールに対し、生身の個人の再‐身体化＝身体を取り戻すこと、他者への配慮・ケアの観点から監視を組みかえよ、と言う。

(3)　監視のグローバル化

グローバル化は、監視が無差別に境界を横断していく過程でもある。グローバル化に伴い、テクノロジー・情報・人間・資本・商品・イメージの流れ＝フローが増大し、それらの動きの監視も配備されていく。

グローバル化は普遍的で同質化をもたらすようで、実は不均等。経済的・社会的差異を強化し、「勝ち組・負け組」を生む。監視テクノロジーはこの方向を強める。

主な経済主体は多国籍企業である。メディアの描く消費主義的な「よい生活」のイメージから、誰も逃れられない。豊かな人々は、消費を続けるよう特にモニターされる。消費主義とは、グローバル・システムの枠内で資本主義の存続の根拠を供給するイデオロギーである。これに対して、反グローバル化運動も高まってきた。

グローバル安全保障。麻薬取引・テロ・組織犯罪・不法入国も、その監視も、ともにグローバルネットワーク化されている。犯罪を起こしやすいマイノリティ集団がカテゴリー化され、監視が差別を強化・自動化していく。

(4) 規律《ディシプリン》社会から管理《コントロール》社会へ

哲学者ドゥルーズはフーコーを読みかえた。「**規律社会→管理社会**」。初期国民国家は合理的監視を通じ、主体の規律と秩序を創出した。だが今はその先へ進んだ。主体化・囲い込みに代わり、コンピュータが人々を追跡する。流動性・偶発性・分散・脱中心。遊牧民的な身体とデジタル化された個人は、移ろいやすく柔軟だ。しかもそれらは監視によって構成され、自ら監視を受け入れる能動的主体だ。ライアンは、人々が監視と協調して即興的に順応していくプロセスを、オーケストラの演奏にたとえて「社会的オーケストレーション」と呼んだ（『監視社会』六四—五頁）。

規律訓練型権力→環境管理型権力。権威的・強制的でなく、環境管理の中の自由。

三　ベックのリスク社会論

(1)　リスク社会

一九八六年のチェルノブイリ原発事故は、世界中に衝撃を与えた。この年、ドイツの社会学者**ウルリッヒ・ベック**（Ulrich Beck, 1944－）の『リスク社会』（訳書『危険社会』）が出版、ベストセラーになる。専門書では異例の影響力。反原発・エコロジー・平和（当時は冷戦中）・フェミニズム運動など、**新しい社会運動**が活発化する時期だった。

近代の発展につれて、**リスク**は社会的に生産されていく。天災のような危険は外から来るが、リスクは、人間の営みによって産み出される。人間の自由・選択・可能性を増大させた近代化と文明の産物である。

産業社会・階級社会からリスク社会へ。産業社会が高度化し、異質な社会に変容した。環境問題や原発事故のリスクは、階級とは無関係に人々にふりかかる。リスクの平等性・普遍性→国境を超え、世界規模の共同性。ただし、その中で生じる貧困・不平等もある。富の分配からリスクの分配へ（例・過疎地域への原発立地）。リスクは、リスク社会の前からあったが、発展の上で仕方ない副産物として処理された（例・開発による自然破壊）。リスク社会では、リスクは公的議論の対象、政治的・社会的な対立の争点になる。

富の生産の源のはずの科学技術が、自らリスクを生み出す（例・核、遺伝子工学）。時空間で影響範囲を特定できず、責任の所在も不確定。他方、リスクの認知も対策も、科学に依存する（放射能汚染）。科学の合理性と社会の合理性がずれてくる。

リスク社会では未来志向が高まるが（例・保険）、多くは予見や制御が困難だ。リスクは今や一国内にとどまらず、世界規模で広がっている。だが一方、リスクを生み出す多くの主体（科学技術・経済など）は、依然国民国家の枠内にある。

(2) 再帰的近代化

ベックは、近代を「単純な近代化」と「**再帰的近代化**（第二の近代、近代の近代）」に分ける。初期の近代化は、①国民国家、②標準化された個人化、③完全雇用をモデルとする労働社会、④資源としての自然、⑤科学的合理性に基づく自然支配、⑥複雑性の増大としての機能分化。対して再帰的近代化は、近代化が進んで行き詰まり、反省的に組みかえる段階である。①グローバル化、②新たな個人化、③ジェンダー革命、④フレキシブルな従属雇用、⑤グローバルに知覚されたエコロジカルな危機。

ベックは、「ポスト・モダニティ」ではないと言う。近代社会は自らの発展によって、内から基盤を危うくし、流動化する。労働・雇用・階級・性役割・核家族・企業等のあり方が変容し、旧来の分析概念の自明性が解体してきた。

(3)　科学の再帰的科学化

リスクを生み出すのに直接関わったのは産業と科学、特に科学である。従来、科学は対象を外部に限定できたが、発展の結果、科学の内部から発生した諸問題の処理に追われる（再帰的科学化）。科学は自らの基盤にも、懐疑を向けざるをえなくなる。懐疑に耐えられない場合↓ごまかしや真理追究の役割放棄も↓認識の独占が崩れる↓科学信仰で補う・批判拒否↓リスク増大。

科学が自らのリスクをコントロールするには、誤りを認めて学ぶこと、過度の専門化を廃し分野間の関連を強めるなど、ベックは科学自身の再生能力にも期待する。

(4)　サブ政治

科学・技術・医学・企業・日常生活など、通常は政治の領域とされない分野（非政治）がいまや、政治的な決定・対立の場になる＝**サブ政治**。形式的には政治でないが、実質的には政治的機能を果たし、国家の政治に競合していく。

その結果、諸領域のもたらすリスクも増大していく。これに対し、従来の政治を強めるのも危うい。司法・市民運動など、リスクに対して闘うサブ政治を強める方向性。リスクを生み出す既存の科学や専門家に対し、対抗的な科学・専門家。

ベックは、科学や政治等が本来目指した近代化を徹底させれば、リスクは克服できる、再帰的近代化は自らリスクを生み出したが、克服する道も見出せるという。

(5)　九・一一以後のリスク社会と監視社会

九・一一テロの世界的衝撃。ベック『世界リスク社会論』は、テロ後の世界を論じる。同時多発テロはメディアスペクタクルを利用した（二機目の遅延効果）。世界貿易センターは、資本・テクノロジー・人間・情報のフロー世界のシンボルだった。その惨事をライブ中継、政治・国家を市場経済に切り替えるネオ・リベラリズムを攻撃した。

世界リスク社会。予見・制御不可能なリスクが世界に広がった。環境破壊、金融危機、テロ・ネットワーク。国家の内政と外交の区分は流動化し、世界市民的な連合が急務となった（だがアメリカの暴走）。グローバルな危険の地域格差。先進国優位で貧富が拡大する中で、世界リスク社会は自らリスクを生む＝再帰性。

国境を超えたテロ・ネットワークは「暴力のＮＧＯ」。戦争は国家間に限らず、戦争の個人化が進みつつある。誰もが潜在的なテロリストたりうる→市民は監視を甘受し、自分が危険人物でないことを証明しようとする。民主主義の死。

ライアン『九・一一以後の監視』。九・一一後、監視が強化され、分類・差別が自動化した。ブッシュ「テロとの戦い、セキュリティか自由か」。疑い・恐怖・秘密の文化が膨張し、監視の商品化・高度化・全域化が進んだ。だが、反監視・反グローバル運動もグローバル化し、テクノロジーを活用するようになる。技術的・社会工学的なリスク管理で済まさず、管理から配慮の文化を、疑念から信頼の文化を取り戻すべき、とライアンは言う。

喫茶室

三・一一以後――グローバル・リスクの無差別性と差別性

二〇一一年三月十一日に起こった東日本大震災の影響で、福島第一原発で想定外の大事故が発生し、私たちは深刻な放射能汚染の脅威に悩まされてきた。ベックのリスク社会論は、日本社会においてもますます現実味を増してきた。

そもそも原発は、冷戦下の核開発競争の中で、「原子力の平和利用」として日本にも導入された。核兵器も原発も出発点は同じであり、採掘・製錬・廃棄・利益・被ばくなど、ウランの軍事利用も平和利用も、多くの共通点をもつ。本格的な核開発の契機は、アメリカによる広島・長崎への原爆投下だった。投下前にはアメリカ本土のニューメキシコ州で初の原爆実験が行われ、周辺住民の被曝はないと報告された。アメリカは戦後も、太平洋のマーシャル諸島や本土のネバダ州で核実験を続け、冷戦下の軍拡競争で、他国も核実験を繰り返し行ってきた。

私たちは、「日本は唯一の被爆国」という認識を越えて、「グローバル・ヒバクシャ」の視点に立つ必要があるだろう。原爆の被爆であれ放射能の被曝であれ、ヒバクシャは世界中にいる。直接見える形で、視野に入ってこないだけである。

他方で核開発は、各地の先住民の暮らしと密接な関係にあった。広島・長崎原爆のウラン鉱石の採掘場所の多くが、アリゾナ州南部のナバホ民族など、先住民の土地であり、採掘が始まると彼らに被曝の症状が現れた。ウラン採掘・核施設・実験・基地確保・原発・核廃棄物など、一連の核サイクルは、先住民の差別と被ばくを隠ぺいしながら、そうした犠牲を前提にしてもきたのである。「核差別」という視点は、過疎地域に原発の立地が押しつけられてきた日本の状況にも適用できる。

ここに見られるのは、核をめぐるグローバルな無差別性とローカルな差別性、地理的な非限定性と限定性が、隠蔽し合いながらともに作用する二重性である。ベックの言うリスク社会の無差別的な側面と差別的な側面が、原発・放射能汚染のリスクにおいて、まさに現れている。

いま日本で私たちが直面しているのは、福島県をはじめ、ホットスポットと言われる場所と、どう向き合うかという問題である。もともと他と同じはずだった一県・地域が、高線量で核差別に陥る構図を、すでに私たちは招いてしまっている。

だがまた同時に、放射性物質を体内に取り込む内部被曝の脅威は、低線量でも免れてはおらず、「ここまでは安全」というしきい値はない。誰しもが放射能のリスクを免れない状況下で、私たちはフクシマの問題を一人称の視点で、自分の問題として引き受けていく必要があるだろう。

おわりに

私はこれまで、琉球大学で社会学史（二〇〇一―〇五年）、一橋大学で社会学理論（〇六―一〇年）の授業を担当してきた。本書では、その中から特に重要なエッセンスを凝縮してお伝えしてきた。毎回九〇分、受講生のみなさんとの濃密な時間が、本書の基礎をなしている。琉大での授業中の報告と議論、一橋での授業後の感想カードからは、多くの卓見に感嘆させられた。卒業生・受講生諸君に感謝したい。

授業では、本書で扱った論者たちの理論・知見に加え、伝達効果を上げるために私なりの具体例や他愛ないエピソードなども盛り込み、私のヒューマンな「味」をなるべく出している。僭越ながら知識人の立場を意識して、より批判的・政治的な問題に踏み込んだ発言をすることもある。東日本大震災以後は特にそうである。

本書にもそれらを盛り込む方向も考えたが、紙数が限られていた上に、本書が私の個性や立場を離れ、なるべく全国の教育の場でお使いいただきたい思いから、そうした部分は極力抑え、まずは各論者の理論・学説を伝える目的にほぼ絞った。

さらに私なりのオプションをご希望の方は、インターネット上の私のブログや動画、他の著書、直接お会いできる機会などで補っていただければ幸いである。

本書は、平成二一―二三年度文部科学省科学研究費補助金・若手研究（A）「観光・移住・メディアがもたらす地域イメージと文化変容に関する社会学的研究」（研究代表者・多田治）の助成を受けた成果を一部含んでいる。記して感謝したい。

また本書の完成に際し、一橋大学大学院博士後期課程の須田佑介君に、原稿に目を通してもらって多くの示唆を得た。私のゼミに所属してルーマン研究を地道に続ける須田君はここ数年、授業でティーチング・アシスタントを務め、ルーマンの回には自ら教壇に立ち、学生に難解な理論を丁寧に解説、面白さを伝えてくれている。

本書を、早稲田大学大学院生時代の指導教員・佐藤慶幸先生に捧げたい。佐藤ゼミには、混迷の世界に向き合う際の大らかさやユーモアと同時に、不正を許さぬまっすぐな正義感、そして何より、自由に好きなことをやっていいんだ、自信を持ちなさい、といった空気感があふれていた。この小著を先生への恩返しとしたい。

企画をいただいてから、多忙に任せた私の怠惰と弱さにより、数年の歳月が流れてしまった。編集委員会の先生方には大変ご迷惑とご心配をおかけした。気長に待ってくださった学文社の田中千津子氏にも、心から感謝の気持ちを申し上げたい。ようやくこのような形にでき、安堵の思いである。本書が全国の大学生をはじめ、一人でも多くのみなさんに役立てていただけることを、心から願ってやまない。

二〇一一年九月

多田　治

〈参考文献〉

社会学理論・社会学史の全体に関するもの

那須壽編（一九九七）『クロニクル社会学』有斐閣アルマ

新睦人他（一九七九）『社会学のあゆみ』有斐閣新書

新睦人編（二〇〇六）『新しい社会学のあゆみ』有斐閣アルマ

奥井智之（二〇一〇）『社会学の歴史』東京大学出版会

竹内洋（二〇〇八）『社会学の名著30』ちくま新書

第一章　デュルケーム

デュルケム・E（宮島喬訳）（一九七八）『社会学的方法の規準』岩波文庫

デュルケム・E（井伊玄太郎訳）（一九八九）『社会分業論』上・下、講談社学術文庫

デュルケーム・E（宮島喬訳）（一九八五）『自殺論』中公文庫

デュルケム・E（古野清人訳）（一九四一・四二）『宗教生活の原初形態』上・下、岩波文庫

デュルケーム・E（小関藤一郎・川喜多喬訳）（一九七五）『モンテスキューとルソー』法政大学出版局

多田治（二〇〇八）『沖縄イメージを旅する』中公新書ラクレ

多田治（二〇〇四）『沖縄イメージの誕生』東洋経済新報社

第二章　ウェーバー

ヴェーバー・M（大塚久雄訳）（一九八九）『プロテスタンティズムの倫理と資本主義の精神』岩波文庫
ヴェーバー・M（大塚久雄・生松敬三訳）（一九七二）『宗教社会学論選』みすず書房
ウェーバー・M（濱島朗訳）（一九八八）『権力と支配』有斐閣
ヴェーバー・M（清水幾太郎訳）（一九七二）『社会学の根本概念』岩波文庫
ウェーバー・M（林道義訳）（一九六八）『理解社会学のカテゴリー』岩波文庫
ウェーバー・M（尾高邦雄訳）（一九八〇）『職業としての学問』岩波文庫
ヴェーバー・M（脇圭平訳）（一九八〇）『職業としての政治』岩波文庫
ヴェーバー・M（祇園寺信彦・祇園寺則夫訳）（一九九四）『社会科学の方法』講談社学術文庫
尾高邦雄編（一九七九）『世界の名著　六一　ウェーバー』中央公論社
リッツア・G（正岡寛司監訳）（一九九九）『マクドナルド化する社会』早稲田大学出版部
リッツア・G（山本徹夫・坂田恵美訳）（二〇〇九）『消費社会の魔術的体系』明石書店
キンモンス・E・H（広田照幸他訳）（一九九五）『立身出世の社会史』玉川大学出版部
バウマン・Z（森田典正訳）（二〇〇六）『近代とホロコースト』大月書店

第三章　大衆社会論から消費社会論へ

フロム・E（日高六郎訳）（一九六五）『自由からの逃走』東京創元社
リースマン・D（加藤秀俊訳）（一九六四）『孤独な群衆』みすず書房

ボードリヤール・J（今村仁司他訳）（一九七九）『消費社会の神話と構造』紀伊國屋書店
吉見俊哉（一九九六）『リアリティ・トランジット　情報消費社会の現在』紀伊國屋書店

第四章　ミクロ社会学

ゴッフマン・E（石黒毅訳）（一九七四）『行為と演技―日常生活における自己呈示』誠信書房
ゴッフマン・E（佐藤毅・折橋徹彦訳）（一九八五）『出会い―相互行為の社会学』誠信書房
ゴッフマン・E（石黒毅訳）（一九八四）『アサイラム―施設収容者の日常世界』誠信書房
ゴッフマン・E（丸木恵祐・本名信行訳）（一九八〇）『集まりの構造』誠信書房
ゴッフマン・E（石黒毅訳）（一九八〇）『スティグマの社会学』せりか書房
ヴァカン・Y（石黒毅訳）（一九九九）『アーヴィング・ゴッフマン』せりか書房
MacCannell, D., 1976, *The Tourist: A New Theory of the Leisure Class*, UC Press.
バーガー・P・L、ルックマン・T（山口節郎訳）（二〇〇三）『現実の社会的構成』新曜社
バーガー・P・L、バーガー・B、ケルナー・H（高山真知子・馬場伸也・馬場恭子訳）（一九七七）『故郷喪失者たち』新曜社

上野千鶴子編（二〇〇一）『構築主義とは何か』勁草書房

第五章　ルーマン
ルーマン・N（佐藤勉監訳）（一九九三・九五）『社会システム理論』上・下、恒星社厚生閣
ルーマン・N（土方昭監訳）（一九八三）『法と社会システム』新泉社
ルーマン・N（土方昭監訳）（一九八四）『社会システムのメタ理論』新泉社
ルーマン・N（土方透・松戸行雄共編訳）（一九九六）『ルーマン、学問と自身を語る』新泉社
クニール・K、ナセヒ・A（舘野受雄他訳）（一九九五）『ルーマン社会システム理論』新泉社
ハーバーマス・J、ルーマン・N（佐藤嘉一・山口節郎・藤沢賢一郎訳）（一九八七）『ハーバーマス＝ルーマン論争　批判理論と社会システム理論』木鐸社
新睦人他編（一九八四）『社会学のあゆみパートII　新しい社会学の展開』有斐閣新書

第六章　フーコー
フーコー・M（田村俶訳）（一九七五）『狂気の歴史』新潮社
フーコー・M（神谷美恵子訳）（一九六九）『臨床医学の誕生』みすず書房
フーコー・M（渡辺一民・佐々木明訳）（一九七四）『言葉と物』新潮社
フーコー・M（中村雄二郎訳）（一九七〇）『知の考古学』河出書房新社

フーコー・M（田村俶訳）（一九七七）『監獄の誕生』新潮社
フーコー・M（渡辺守章訳）（一九八六）『性の歴史I　知への意志』新潮社
桑田禮彰他編（一九八四）『ミシェル・フーコー　一九二六－一九八四　権力・知・歴史』新評論
桜井哲夫（一九九六）『フーコー　知と権力』講談社「現代思想の冒険者たち」第二六巻

第七章　ブルデュー

ブルデュー・P（石井洋二郎訳）（一九九〇）『ディスタンクシオン』I・II、藤原書店
ブルデュー・P、パスロン・J（宮島喬訳）（一九九一）『再生産』藤原書店
ブルデュ・P（今村仁司・港道隆訳）（一九八八・九〇）『実践感覚』I・II、みすず書房
ブルデュー・P（稲賀繁美訳）（一九九三）『話すということ』藤原書店
ブルデュー・P（石崎晴己・東松秀雄訳）（一九九七）『ホモ・アカデミクス』藤原書店
ブルデュー・P、ヴァカン・L（水島和則訳）（二〇〇七）『リフレクシヴ・ソシオロジーへの招待』藤原書店
ブルデュー・P（加藤晴久訳）（二〇一〇）『科学の科学』藤原書店
ブルデュー・P、シャンボルドン・J、パスロン・J（田原音和・水島和則訳）（一九九四）『社会学者のメチエ』藤原書店
加藤晴久編（二〇〇二）『ピエール・ブルデュー　一九三〇－二〇〇二』藤原書店

Bourdieu, P., 1982, *Leçon sur la leçon*, Les Èditions de Minuit.

第八章　ギデンズ

ギデンズ・A（松尾精文・小幡正敏訳）（一九九三）『近代とはいかなる時代か？』而立書房
ギデンズ・A（秋吉美都他訳）（二〇〇五）『モダニティと自己アイデンティティ』ハーベスト社
ギデンズ・A（松尾精文・松川昭子訳）（一九九五）『親密性の変容』而立書房
ベック・U、ギデンズ・A、ラッシュ・S（松尾精文・小幡正敏・叶堂隆三訳）（一九九七）『再帰的近代化　近代における政治、伝統、美的原理』而立書房
ギデンズ・A（松尾精文他訳）（二〇〇九）『社会学』第五版、而立書房
ホブズボウム・E、レンジャー・T編（前川啓治他訳）（一九九二）『創られた伝統』紀伊國屋書店
ギデンズ・A、ピアスン・C（松尾精文訳）（二〇〇一）『ギデンズとの対話』而立書房
宮本孝二（一九九八）『ギデンズの社会理論』八千代出版

第九章　カルチュラル・スタディーズ

ロジェク・C（渡辺潤・佐藤生実訳）（二〇〇九）『カルチュラル・スタディーズを学ぶ人のために』世界思想社
ターナー・G（溝上由紀他訳）（一九九九）『カルチュラル・スタディーズ入門』作品社

プロクター・J（小笠原博毅訳）（二〇〇六）『スチュアート・ホール』青土社
吉見俊哉編（二〇〇一）『カルチュラル・スタディーズ』講談社選書メチエ「知の教科書」
吉見俊哉（二〇〇〇）『カルチュラル・スタディーズ』岩波書店「思考のフロンティア」
上野俊哉・毛利嘉孝（二〇〇〇）『カルチュラル・スタディーズ入門』ちくま新書
上野俊哉・毛利嘉孝（二〇〇二）『実践カルチュラル・スタディーズ』ちくま新書
本橋哲也（二〇〇二）『カルチュラル・スタディーズへの招待』大修館書店
ウィリス・P（熊沢誠・山田順訳）（一九九六）『ハマータウンの野郎ども』ちくま学芸文庫
ヘブディジ・D（山口淑子訳）（一九八六）『サブカルチャー　スタイルの意味するもの』未來社
ギルロイ・P（上野俊哉・毛利嘉孝訳）（二〇〇六）『ブラック・アトランティック　近代と二重意識』月曜社
サイード・E（今沢紀子訳）（一九八六）『オリエンタリズム』上・下、平凡社

第十章　グローバリゼーションの社会学

スティーガー・M（桜井公人・桜井純理・高嶋正晴訳）（二〇一〇）『1冊でわかる　新版グローバリゼーション』岩波書店
ライアン・D（河村一郎訳）（二〇〇二）『監視社会』青土社

ライアン・D（清水知子訳）（二〇〇四）『九・一一以後の監視』明石書店
ベック・U（東廉・伊藤美登里訳）（一九九八）『危険社会』法政大学出版局
ベック・U（島村賢一訳）（二〇一〇）『世界リスク社会論』ちくま学芸文庫
アーリ・J（吉原直樹訳）（二〇〇六）『社会を越える社会学』法政大学出版局
アパデュライ・A（門田健一訳）（二〇〇四）『さまよえる近代』平凡社
ゴールドマン・M（山口富子監訳）（二〇〇八）『緑の帝国』京都大学出版会
グローバルヒバクシャ研究会編（二〇〇五）『隠されたヒバクシャ』凱風社
クライン・N（幾島幸子他訳）（二〇一一）『ショック・ドクトリン』上・下、岩波書店

早稲田社会学ブックレット出版企画について

社会主義思想を背景に社会再組織化を目指す学問の場として一九〇三年に結成された早稲田社会学会は、戦時統制下で衰退を余儀なくされる。戦後日本の復興期に新たに自由な気風のもとで「早大社会学会」が設立され、戦後日本社会学の発展に貢献すべく希望をもってその活動を開始した。爾来、同学会は、戦後の急激な社会変動を経験するなかで、地道な実証研究、社会学理論研究の両面において、早稲田大学をはじめ多くの大学で活躍する社会学者を多数輩出してきた。一九九〇年に、門戸を広げるべく、改めて「早稲田社会学会」という名称のもとに再組織されるが、その歴史は戦後に限定しても悠に半世紀を超える。

新世紀に入りほぼ十年を迎えようとする今日、社会の液状化、個人化、グローバリゼーションなど、社会の存立条件や社会学それ自体の枠組みについての根底からの問い直しを迫る事態が生じている一方、地道なデータ収集と分析に基づきつつ豊かな社会学的想像力を必要とする理論化作業、社会問題へのより実践的なかかわりへの要請も強まっている。早稲田社会学ブックレットは、意欲的な取り組みを続ける早稲田社会学会の会員が中心となり、以上のような今日の社会学の現状と背景を見据え、「社会学のポテンシャル」「現代社会学のトピックス」「社会調査のリテラシー」の三つを柱として、今日の社会学についての斬新な観点を提示しつつ、社会学的なものの見方と研究方法、今後の課題などについて実践的な視点からわかりやすく解説することを目指すシリーズとして企画された。多くの大学生、行政、一般の人びとに広く読んでいただけるものとなることを念じている。

二〇〇八年二月一〇日

早稲田社会学ブックレット編集委員会

多田　治（ただおさむ）

一九七〇年、大阪府生まれ。

現職：琉球大学法文学部助教授を経て、一橋大学大学院社会学研究科准教授。

早稲田大学大学院文学研究科博士後期課程満期退学。

博士（文学）。

専攻：グローバル社会学・現代社会理論・沖縄研究。

主要著書・論文

『沖縄イメージを旅する――柳田國男から移住ブームまで』（中公新書ラクレ、二〇〇八年）、『沖縄イメージの誕生――青い海のカルチュラル・スタディーズ』（東洋経済新報社、二〇〇四年）、『沖縄に立ちすくむ――大学を越えて深化する知』（共編著、せりか書房、二〇〇四年）など。